상처를 마주하는 용기

Recovering from the Loss of a Love, Discovering Who You Are and How God Sees You, Helping Your Hurting Teen,

Originally published in the U.S.A. under the titles: *Recovering from the Loss of a Love, Discovering Who You Are and How God Sees You, Helping Your Hurting Teen*
Copyright © 2014 H. Norman Wright
Aspire Press, an imprint of Rose Publishing, Inc.
4733 Torrance Blvd., #259, Torrance, California 90503 USA
All rights reserved.

Korean edition copyright © 2015 by Duranno Ministry
38, Seobinggo-ro 65-gil, Yongsan-gu, Seoul, Republic of Korea

This translation published by arrangement with Rose Publishing, Inc.
through Riggins International Rights Service, Inc.

상처를 마주하는 용기

지은이 | H. 노먼 라이트
옮긴이 | 유정희
초판 발행 | 2015. 8. 24
등록번호 | 제3-203호
등록된 곳 | 서울시 용산구 서빙고로65길 38
발행처 | 사단법인 두란노서원
영업부 | 2078-3333 FAX | 080-749-3705
출판부 | 2078-3332

책값은 뒤표지에 있습니다.
ISBN 978-89-531-2356-4 03230

독자의 의견을 기다립니다.
tpress@duranno.com   http://www.duranno.com

두란노서원은 바울 사도가 3차 전도 여행 때 에베소에서 성령 받은 제자들을 따로 세워 하나님의 말씀으로 양육하던 장소입니다. 사도행전 19장 8 - 20절의 정신에 따라 첫째 목회자를 돕는 사역과 평신도를 훈련시키는 사역, 둘째 세계선교TM와 문서선교단행본 · 잡지 사역, 셋째 예수문화 및 경배와 찬양 사역, 그리고 가정 · 상담 사역 등을 감당하고 있습니다. 1980년 12월 22일에 창립된 두란노서원은 주님 오실 때까지 이 사역들을 계속할 것입니다.

상처를 마주하는 용기

H. 노먼 라이트 지음 | 유정희 옮김

두란노

contents

Part 1   깨어진 나를 마주할 용기
하나님의 관점으로 나를 마주보라

1. 나의 정체성을 잃어버리다
   하나님의 관점에서 나를 찾다 _8

2. 내가 하는 일이 나인가
   사람들의 평가에 더는 휘둘리지 말라 _18

3. 거짓 나를 버리고 참 나를 찾다
   마주하는 순간, 하나님의 회복이 시작된다 _46

Part 2   깨어진 관계를 마주할 용기
다시 사랑하는 것에 대한 두려움과 맞서라

1. 이별의 충격은 악몽과 같다
   누구에게나 고통스런 이별이 있다 _98

2. 회복에는 시간이 필요하다
   상처는 반드시 아문다 _126

3. 과거가 아닌 앞으로 전진하라
  과거는 과거로 보내라 _144

4. 다시 사랑을 시작하라
  혼자여도 괜찮다 _176

Part 3 깨어진 자녀를 부둥켜안을 용기
흔들리는 당신의 자녀를 붙잡아 주라

1. 자녀 역시 인생의 두려움과 맞서고 있다
  자녀, 격동의 파도를 항해하다 _192

2. 상실을 겪는 당신의 자녀를 도우라
  안전한 울타리가 있음을 기억하게 하라 _222

3. 분노하는 자녀를 이해하라
  분노와 우울증은 관계의 어려움에서 비롯된다 _244

4. 통제 대신 자녀와 소통하라
  자녀들이 스스로 변하도록 선택하게 하라 _264

주 _278

Part 1

깨어진 나를 마주할 용기

하나님의 관점으로
나를 마주보라

1. 나의 정체성을 잃어버리다

하나님의 관점에서
나를 찾다

그 차는 우리 사무실을 두어 번 돌더니 마침내 주차를 했다. 몇 분 후, 운전자가 모습을 드러냈다. 그녀는 시계를 보면서 현관을 향해 걸어오기 시작했다. 그녀의 겉모습에서 '돈 냄새'가 물씬 났다. 입고 있는 옷에서부터 장신구, 타고 온 최신형 BMW까지. 그녀는 자신감 넘치는 걸음으로 씩씩하게 걸어왔다. 나는 그녀에 대해 아는 것이 많지 않았다. 우리가 나눴던 대화라곤 고작 오늘 있을 약속을 잡은 것밖에 없기 때문이다. 그녀는 "몇 가지 사항들에 대해 얘기를 좀 나눴으면 합니다. 그렇게 중요한 건 아니에요"라고 말했다. 그녀가 들어왔을 때 내 눈에 들어온 것은 흠잡을 데 없는 옷차림, 적갈색 이태리 '두니앤버크'(Dooney & Bourke) 핸드백, 그리고 주디스 립카(Judith Ripka)가 디자인한 액세서리를 착용한 모습이었다. 그녀는 악수할 때 내 손을 꽉 잡았고, 사무실에서도 자기가 앉을 자리를 선택해서 앉았다. 하지만 그 후 그녀의 태도는 달라졌다.

거기 앉은 그녀는 굉장히 외로워 보였고, 마음속에 급습한 상실감이 얼굴에 나타났다. 그녀는 곧 표정에 역력히 나타난 것들을 말로 털어놓기 시작했다. "전 제가 누구인지 안다고 생각했어요. 늘 나를 유능한 사람으로 여겨 왔죠. 전 아주 훌륭한 경력을 가졌고, 그 때문에 높은 지위까지 오를 수 있었죠. 지금껏 그걸 자랑스러워했지만, 이제는 뭔가 충분하지 않은 것 같아요. 제 직업에서 더 이상 성취감을 느낄 수가 없어요. 예전엔 누가 저한테 '당신은 누구십니까?'라고 물으면 잘 대답해 줄 수 있었어요. 늘 회사에서의 제 위치와 관련된 대답이었죠. 과거에 제 정체성의 기초가 되었던 것보다 그게 더 좋다고 생각했거든요. 더 어렸을 때는 제 정체성의 근거가 바로 외모였어요. 제 스스로 매력이 있다는 걸 알았거든요. 그래서 그걸 십분 활용하기 위해 엄청 공을 들였어요. 그러던 어느 날 제가 외모를 가꾸기 위해 무슨 짓을 해도 소용이 없다는 걸 결국 알게 됐어요. 나이가 드는 건 어쩔 수 없는 일인데, 그러고 나면 나에게 뭐가 남을까? 나는 누구일까? 하지만 지금 저는 또다시 허우적거리고 있어요. 정말로 제가 누구인지 모르겠고, 그래서 자꾸만 공허하고 우울해져요."

당신은 누구인가?

이처럼 바닥이 보이지 않는 깊은 구덩이에 빠져 자신이 누구인지 몰라 허우적댄 적이 있는가? 정말 끔찍한 일이다. 우리는 누구나 자신이 누구인지에 대해 어떤 의미를 찾기 원한다.

누구나 한두 번쯤 정체성의 상실로 괴로워할 수 있지만, 그것은 대부분 막을 수 있는 상실이다. 정말 그렇다. 그것은 충분히 예방할 수 있다. 많은 사람들이 정체성의 혼란을 겪는 것은 정체성의 기초가 탄탄하지 못하기 때문이다.

정체성을 찾기 위해 애쓰는 것은 사춘기 때나 하는 일이라고 생각하는 사람들이 많다. 일단 성인이 되면 그 일은 끝나야 할 것처럼 생각하는 것이다. 하지만 실제로는 그렇지가 않다. 잠시 생각해 보라. 우리의 정체성은 무엇에 근거하고 있는가? 대부분 자신의 역할이나 하고 있는 일로 자신을 규정하지 않는가? 다른 사람들이나 장소, 사물들에 대한 감정적 애착으로 자신을 확립하려 하지 않는가? 또는 외모를 정체성의 기반으로 삼지는 않는가? 사람들이 이렇게 하는 것은 매우 일반적이며, 만약 삶이 고정적이고 확실하고 항상 예측 가능하다면 그래도 별 문제는 없을 것이다. 하지만 우리의 삶은 그렇지 않다.

잠시 이 질문에 대한 답을 적어 보라. "나는 누구인가?"

이런 질문에 대부분은 자신이 맡은 역할들과 관련된 대답을 한다. 종종 나는 이런 대답을 듣는다. "저는 남자입니다." "저는 아버지입니다." "저는 사역자입니다." "저는 미망인입니다." "저는 ___ 가문의 일원입니다." 또는 "저는 운동선수입니다." 하지만 이러한 역할들 가운데 하나로 자신이 누구인지 밝힐 수 없다면 자신에 대해 뭐라고 말하겠는가?

정체성은 깨지기 쉽다

만약 우리가 폭넓은 정체성의 기반을 갖고 있지 않다면 어떤 종류의 상실이 찾아왔을 때 자신의 정체성에 대해 깊은 의구심이 생길 수 있다.

- 만약 당신이 더 이상 아버지가 아니라면 당신은 누구인가?
- 당신이 더 이상 사회복지사가 아닐 때 당신은 누구인가?
- 당신이 더 이상 사역자가 아닐 때 당신은 누구인가?
- 당신이 더 이상 운동선수가 아닐 때 당신은 누구인가?
- 당신이 더 이상 뛰거나 걸을 수 없다면 당신은 누구인가?
- 당신이 자기 정체성을 위해 특히 애착을 갖는 사람들은 누구인가?
- 당신의 외모는 어떤가? 외모에 대한 생각이 달라지면 정체성도 달라지는가?
- 당신의 실적은 어떤가? 실적이 변함에 따라 자신에 대해

느끼는 감정도 달라지는가?

만약 삶 속에서 우리의 다양한 역할이나 감정적인 애착을 뛰어넘어 정말 내가 누구인지를 모른다면 머지않은 장래에 정체성의 혼란을 겪게 될 것은 기정사실이다. 그러나 이 상실은 피할 수 있는 것이다.

만약 우리가 바뀔 수 있는 것을 기반으로 자신의 정체성을 확립했다면 이후에 어떤 상실을 겪게 되었을 때 정체성의 상실까지 같이 경험하게 될 것이다. 어쩌면 이 놀라운 사실이 실제로 우리 정체성의 기반이 얼마나 미약한가를 깨닫는 데 도움이 되기도 한다. 자신이 쉽게 부서질 것처럼 느끼는가? 어떤 내담자는 자신을 언제라도 산산이 부서질 수 있는 얇은 사기접시로 묘사하기도 했다.

우리는 정체성이 깨지기 쉬운 시대에 살고 있다. 지금껏 나는 사람들이 자신의 정체성을 찾은 후에 그 정체성에 영향을 미치는 상실을 겪게 되는 사례들을 많이 들어 왔다.

- "나는 대기업의 회장이다"(하지만 그 다음 주에 그는 파산 신청을 했다).
- "나는 대학 축구 우승 팀의 코치다"(하지만 이번 시즌에 그 팀은 여섯 게임에서 내리 졌고 그는 일자리를 잃었다).

- "나는 유명 백화점 모델이다"(하지만 갑자기 더 젊은 모델로 교체되었다).
- "나는 엄마다"(그러나 작년에 아이들 중 한 명이 죽었고 다른 한 명은 집을 나가서 그 이후로 소식이 없다).
- "나는 피아니스트이다"(하지만 5년 전 사고로 그녀의 두 손가락이 절단되었다).

이러한 상실을 겪게 되었을 때 그들의 정체성은 어떻게 될까? 그 정체성은 산산이 부서질 만큼 너무 약했던 걸까? 그 기반이 쉽게 깨질 수 있는 사회의 기준들 위에 세워졌던 탓에 갑작스럽고 예기치 못한 삶의 지진들을 견딜 수 없었던 걸까?

나는 세미나를 인도하면서 종종 사람들을 좌절시키곤 한다. 주변 사람들에게 자신을 소개하되 자신이 하는 일을 언급하지 말고 자신이 누구인지 말하라고 제안하기 때문이다. 그 간단한 지시가 많은 이들을 혼란 상태에 빠뜨리곤 한다. 많은 이들이 좌절하는 이유는 그들의 정체성이 주로 그들이 하는 일을 기반으로 형성되기 때문이다. 곧 직업, 가정에서의 역할, 교회에서의 역할 등이다.

당신도 이런 제안에 좌절감을 느끼는 사람 가운데 하나인가? 자신의 정체성을 육체적, 감정적 요소들 위에 세우는 사람인가? 자기 정체성 아래 "깨지기 쉬우니 주의해서 다루기 바람. 당신이 생각

하는 것보다 훨씬 쉽게 부서짐"이라고 써 붙이고 다녀야 하는 사람
인가?

만약 우리가 자신의 육체적 능력이나 역할, 감정적인 유대감
등을 넘어서 자신이 누구인지를 알지 못한다면 정체성의 혼란 상태
에 빠져 있는 것이다. 그리고 자신이 누구인지 혼란을 느끼고 있다
면 하나님의 축복 안에서 살아가기가 쉽지 않다.

정체성의 기반을 밝혀야 한다

우리의 정체성이 어떤 기반 위에 있는지 밝혀낸다면 이 혼란
에서 벗어날 수 있다. 자신이 애착을 갖고 있는 대상이나 정체성에
영향을 미친다고 생각되는 것은 무엇인가? 예를 들어, 나 자신을 이
루는 정체성의 기반 가운데 집이나 직업, 공동체에서의 지위, 자동
차, 옷 등이 얼마나 중요한가?

이렇듯 언제든지 바뀔 수 있는 것을 우리 정체성의 기반으로
삼을 때 어떤 일이 일어날 것이라고 생각하는가? 아마도 변화와 상
실을 받아들이기 힘들 뿐 아니라 정체성 자체를 상실할 가능성도 있
을 것이다.

- 나는 아름다운 여자들과 잘생긴 남자들 중에도 자신이 보잘것없다고 느끼는 사람들을 만난 적이 있다. 그들은 자신에 대한 진정한 정체성이 없었다.
- 모든 연령대의 부유한 사람들 가운데도 스스로가 보잘것없다고 느끼는 사람들도 알고 있다. 그들 또한 진정한 정체성이 없었다.
- 권력과 명성을 가진 사람들 중에도 자신이 보잘것없다고 느끼는 사람들을 본 적이 있다. 그들 역시 진정한 자아 정체성이 없었다.

세상의 관점으로 볼 때 이 사람들은 모든 것을 가지고 있지만 그것은 중요하지 않다. 그들은 정말로 원하는 것을 가질 수 없었다. 바로 자신들의 올바른 정체성이다. 그들은 모두 이 노래 가사에 나오는 사람 같았다.

내가 만약 구름이라면 앉아서 울 텐데,
내가 만약 태양이라면 앉아서 한숨 쉴 텐데,
나는 구름도 아니고 태양도 아니니,
그냥 아무것도 아닌 나로 여기 앉아 있구나.

내가 만약 바람이라면 여기저기로 불 텐데,

내가 만약 비라면 모든 곳에 내릴 텐데,

나는 바람도 아니고 비도 아니니,

그냥 아무것도 아닌 나로 고통만 느끼고 있구나.

내가 만약 눈이라면 부드럽게 대지를 덮을 텐데,

내가 만약 바다라면 파도가 나를 덮칠 텐데,

나는 눈도 아니고 바다도 아니니,

그저 아무것도 아니구나.…[1]

당신이 "아무도 아닌" 것처럼 느껴질 때는 언제인가? 무엇 때문에 이런 느낌이 드는가?

2. 내가 하는 일이 나인가

사람들의 평가에 더는
휘둘리지 말라

자신이 하고 있는 일의 관점에서 정체성의 기초를 좀 더 깊이 들여다보자.

우리는 종종 자신의 일을 자존감의 근거로 삼는다. 우리가 직업적으로 성취하는 일에 대해 좋은 느낌을 가질 때 자존감도 높아지는 식이다. 그것은 정체성의 기초가 되는 성과의 일부이다. 실제로 어떤 사람들은 일에 있어서 중요한 동기 부여의 요인이 돈이라는 신념을 고수하겠지만, 일은 소득의 원천 이상의 의미를 갖게 된다. 그런데 만일 당신이 하는 일이 장기적인 프로젝트와 관련되어 있어서 현재의 성과를 보여 주는 가시적 지표가 거의 없다면 어떻게 되겠는가? 당신이 판매직에 종사하고 있는데 매달 할당량을 채워야 하고 다른 모든 판매원들과 경쟁을 해야 한다면 어떻겠는가? 이러한 상황에서 어떤 사람들의 자존감은 매달 롤러코스터를 탈 것이며 그들의 정체성도 안정을 얻지 못할 것이다.

이러한 삶의 측면에서 당신은 어디에 있는가? 당신의 자존감과 일의 연관성을 생각하면서 0부터 10의 범위에서 스스로 점수를 매겨 보라.

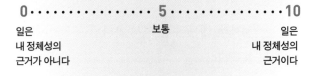

0 · · · · · · · · · · · · · 5 · · · · · · · · · · · · 10

일은
내 정체성의
근거가 아니다

보통

일은
내 정체성의
근거이다

우리는 우상을 숭배하는 성향이 있는 사람들이다. 우상들을 만들고 그것들을 중심으로 우리의 삶을 형성해 간다. 많은 사람들에게는 몸과 그 몸의 겉모습이 그들의 우상이다. 어떤 이들에겐 부와 재산이 우상이다. 수많은 여성들에게는 어머니로서의 소명이 우상이 된다. 그리고 많은 이들에게는, 그들이 인식하든 못 하든 일이 우상이다. 어떤 것이 우리에게 매우 중요한 것이 될 때 그것은 곧 우상이 된다.

하나님의 관점에서 생각해 보면 우리의 일은 하나님의 작품으로서 우리가 누구인지를 표현하는 것이어야 한다. 하나님의 아들, 예수 그리스도의 선물을 근거로 하나님이 어떤 분이며, 우리를 어떻게 바라보시는지 생각할 때, 우리는 분명 소중한 가치를 지닌 존재들이다. 우리의 가치 및 존엄성, 타당성은 하나님이 그렇게 선언하셨기 때문에 주어진 것들이다. 우리가 하는 일이 그리스도인으로서의 가치와 존엄성과 타당성을 제공해 주는 것이 아니다.

우리가 일을 하는 방식은 하나님이 우리에게 부여하신 고귀한 가치의 표현이다.

일을 능숙하게 해내는 수준 역시 하나님이 우리에게 부여하신 고귀한 가치의 표현이다.

우리의 일이 품위 있어지는 것은 하나님이 우리에게 그런 존엄성을 주셨기 때문이다. 그리스도인으로서 우리는 자신이 적합하다는 감각을 가지고 일할 수 있다. 하나님이 우리를 적합하다고 선언하셨기 때문이다. 하지만 우리는 스스로가 적합하다고 느낄 목적으로 일을 해서는 안 된다. 성경을 통해 알 수 있듯이 우리는 오직 하나님 때문에 특별하고 가치 있는 존재들이기 때문이다.

일은 나 자신과 내 삶 속에 계신 하나님이 표현되는 장이다!

만일 당신이 이런 태도를 갖고 있다면 자기 자신과 일의 질이 엄청나게 달라질 것이다. 일과는 무관하게 자신에 대한 긍정적인 마음을 갖기 시작할 것이다.

게다가 일은 사회생활을 영위하게 하는 최소한의 원천이기도 하다. 여기서 우리는 사람들을 만나고, 지속적인 우정을 형성하며, 사회적인 상호작용을 한다. 일을 통해 우리는 다른 사람들과 접촉하게 된다. 게다가 일하는 동안에도 사회화가 일어난다. 만약 우리에게 더 이상 일이 없어진다면 어떻게 될까? 친구들이 여전히 당신에게 남아 있을까? 함께 일할 때만큼 자주 그들과 접촉할 수 있을까? 그들이 당신에게 전화를 할까? 아니면 당신이 주로 그들에게 연락을 해야 할까? 당신의 정체성이 이런 사회적 관계들과 연관되어 있다면, 이 원천이 말라 버릴 땐 자신에 대해 어떤 느낌이 들까? 한 가지 예를 들어 보겠다.

존은 20년 넘게 학교 앞 횡단보도의 안전요원으로 일했다. 그는 수많은 아이들과 부모들에게 사랑을 받았다. 사실 지난 2년 동안은 그가 길 건너는 걸 도와주었던 아이들이 자라 그들의 어린 자녀들이 그 길을 건너기 시작했다. 하지만 결국 그는 더 이상 자신의 임무를 수행할 수 없다는 것을 알게 되었다.

"그 아이들이 그립습니다"라고 그는 말했다. "그 일을 하기 전에는 그토록 자주 사람들과 접촉한 적이 없었어요. 그런데 하루에

두 번씩 그 아이들을 보고 또 이야기를 나누면서 사람들을 알게 되었죠. 크리스마스 휴가 때는 당번이 아닌데도 일을 했어요. 종종 아이들에게 카드와 선물을 받곤 했지요. 그 아이들이 제 삶의 전부였어요. 전에 없었던 친구들과 손주들이 생겼으니까요. 이제는 매일 그곳에 가지 않으니 정말 외로워요."

당신은 어떤가? 당신의 일을 통해 갖는 사회적 관계들과 친한 사람들에게 어느 정도 정체성의 기반을 두는가? 0부터 10까지 점수를 매김으로써 스스로 평가해 보라.

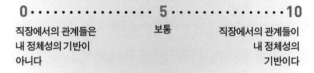

또한 일은 지위와 명성의 원천이 되기도 한다. 다니는 회사의 이름, 사무실의 크기, 그 사무실이 회장님과 얼마나 가까이 있는지, 딸린 비서가 있는지, 직함은 무엇인지, 회사 차가 제공되는지, 그리고 차 종류가 무엇인지까지! 이 모든 요소들이 지위나 명성과 밀접한 관련이 있다.

그러나 급변하는 경제 상황과 끊이지 않는 전쟁들, 그리고 늘 존재하는 새로운 전쟁의 위험, 해외 유통 업체와 회사들의 유입 등으로 어떤 직업 또는 직장도 절대적으로 안전하지는 않다. 경기가 조금만 침체되어도 회사에서 지급되던 차가 회수되기도 하고, 사무실이 사라지며, 거의 의미 없는 모호한 새 직함이 부여될 수 있다. 그렇게 되면 자기 자신에 대해 어떤 느낌이 들 것 같은가? 이런 상실감은 굉장히 큰 충격이 될 수 있다. 특히나 일터에서 잃게 된 모든 것들을 다른 사람들이 알게 될 경우엔 더욱 그렇다. 체면의 손상은 무엇보다 큰 타격이기 때문이다.

0부터 10까지 점수를 매김으로써 당신의 일이 어느 정도 지위와 명성의 원천이 되는지를 평가해 보라.

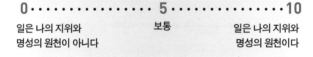

일은 대부분의 사람들에게 또 다른 의미가 있다. 그것은 자기표현의 기회이다. 당신은 일을 통해 뭔가를 성취할 수도 있고, 창의력을 발휘할 수도 있으며, 아마도 새로운 경험들을 할 것이다. 자신의 일에 대해 이렇게 느끼는 사람들에게는 은퇴가 기다려지는 것

이 아니라 하나의 적처럼 보일 것이다. 어떤 사람은 이렇게 말했다. "어쩔 수 없이 은퇴해야 했을 때 나는 바싹 말라 버렸어요. 완전히 침울했죠. 나를 표현할 길이 사라져 버렸으니까요."

일은 당신을 표현하는 원천인가? 그렇다면 은퇴할 때 어떤 일이 벌어지겠는가? 지금 일이 당신의 정체성을 표현하는 근거인지 여부를 평가해 보라.

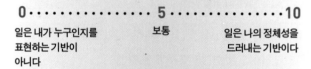

많은 사람들은 일을 통해 다른 사람들을 섬기는 기회를 얻는다. 봉사를 기본 목적으로 삼는 여러 직업들을 생각해내는 건 어렵지 않다. 그러나 봉사는 대부분의 직업들이 가지는 한 면일 뿐이다. 봉사는 실제로 그 사람의 태도나 동기를 바탕으로 하기 때문이다. 어떤 사람에게는 다른 사람들을 섬기는 것이 일생의 소명이다. 그들은 그런 기회를 제공해 주는 직업을 갖고자 애쓴다. 그러나 그들이 은퇴하여 더 이상 그 일을 할 기회가 없어지면 이 상실을 어떻게 견뎌내야 하는가? 이것이 어떤 사람들에게는 굉장히 큰 타격이 되

겠지만, 다른 사람들에게는 전혀 문제가 되지 않는다. 왜 그런 차이
가 나타나는가?

　당신의 일이 어느 정도 다른 사람들을 섬기는 수단인지에 대
해 당신 자신의 생각을 평가해 보라.

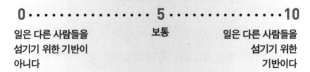

　마지막으로, 수많은 사람들에게 일은 단지 시간을 채우는 수
단이다. 일상적이고 단조로운 삶을 해결하는 하나의 방식인 것이
다. 일이 없어지면 그들은 지루해진다. 어떤 직업들은 이러한 자세
에 적합하기도 하다. 하지만 일이 고작 이런 의미밖에 안 된다 하더
라도, 은퇴해야 될 나이가 오거나 질병 때문에 일을 그만둘 수밖에
없을 땐 어떻게 될지 생각해 보라. 시간을 때우는 수단이 없어져 버
리는 것이다.

　당신의 일은 시간 채우기 용인가? 일이 당신에게 시간을 채우
는 수단인지 아닌지 평가해 보라.

```
0 · · · · · · · · · · · · · 5 · · · · · · · · · · · · 10
일은 내가 시간을         보통          일은 내가 시간을
채우는 용도가 아니다                   채우는 방법이다
```

이제 일이 당신의 정체성의 기초가 될 수 있는 모든 방법들을 생각해 보자. 앞에 나온 대답들을 종합해 볼 때 자신의 정체성의 근거로서 일이 어느 정도 자리를 차지하고 있는가?

```
0 · · · · · · · · · · · · · 5 · · · · · · · · · · · · 10
일은 내 정체성의         보통               일은 내
기반이 아니다                         정체성의 기반이다
```

정체성도 변한다

가족생활 주기에서 자녀들이 모두 집을 떠나는 '빈 둥지 단계'는 매우 흥미로운 적응 기간이다. 어떤 부부에게는 빈 둥지가 큰 상실을 의미한다. 실제로 이 시기에는 전도서 3장 1-8절에 표현된 여

러 감정들, 곧 울고, 웃고, 슬퍼하고, 치료하고, 사랑하고, 놓아 주고, 잃어버리고, 안도하는 일이 혼재되어 나타날 수 있다. 집안 분위기도 달라진다. 선택할 것들이 줄어들고, 혼란과 소음도 덩달아 줄어든다. 쇼핑, 요리, 일정을 잡는 패턴들도 달라진다.

내게는 농장에서 대가족을 이루며 사는 친척들이 몇 있다. 그분들은 많은 식구들을 먹이느라 많은 양의 요리를 해내는 데 익숙하다. 하지만 머지않아 그 역할이 필요 없어질 날이 올 것이다. 그때는 새로운 역할들이 자리를 잡을 것이며, 어쩌면 새로운 압박감을 느낄 수도 있을 것이다. 그리고 전에는 아이들이 채워 주었던 필요들을 이제 다른 사람들이 채워 주어야 할 것이다.

때로는 부부가 삶의 빈 공간들을 채우기 위해 서로에게 매달릴 때 추가 손실이 생기기도 한다. 그 강도를 이기지 못하고 결국 상대방을 밀어내거나, 그 결과로 버림받은 느낌을 안겨 줄 수도 있다. 부부가 그들의 관계를 결속시켜 주는 아이들에게 많이 의존했거나 아이들 위주로만 살아왔다면, 마지막 자녀가 떠났을 때 부부관계 안에도 막대한 손실이 생긴다.

자기 정체성의 주요 근거로서 어머니의 역할에 의존해 왔던 여성들은 자기 정체성이 사라져 버렸기에 자신이 버림받고, 사랑받지 못하고, 보살핌 받지 못한다고 느끼며 우울해질 수도 있다. 만일 엄마가 아이들을 키우기 위해 직장까지 그만둔 경우라면 막내가 떠났을 때 억울한 마음이 들 수도 있다. 또는 더 이상 좋은 부모로 위장할 필요가 없으니, 오랫동안 이어졌던 결혼생활의 문제들, 가령 친밀감이 없는 부부관계 등이 훤히 드러날지도 모른다. 그러나 대개 직장생활을 하는 엄마들은 훨씬 더 편안한 적응 시간을 갖는다. 자식들의 부재를 극복하도록 도와줄 다른 수단이 있기 때문이다.

빈 둥지는 아버지들에게도 영향을 미친다. 여섯 살짜리 어린 딸이기만 했던 아이가 어느새 자라 아버지의 특별한 친구가 되고, 나중에는 독립하게 되었을 때 아버지는 엄청난 충격을 받을 수 있다. 자녀의 출가를 통해 아버지는 자신이 바랐던 것보다 인생이 훨씬 빨리 지나가 버린다는 사실을 깨닫게 된다.

중년의 정체성, 위기가 찾아오다

모든 남성들은 중년의 시기를 지나면서 성장을 위한 새로운 가능성을 모색하게 된다. 이때는 지나 온 시간을 평가하고, 질문을 던지고, 종국에는 새로운 삶의 목표를 찾아보는 것도 괜찮을 것이다. 하지만 오랜 시간 자신의 직업 안에서 꿈을 좇아 달려왔다면 중년이 되었을 때 큰 장벽에 부딪힐 수도 있다. 자신이 바라던 목표에 도달하여 꿈을 이루기에는 너무 늦었다는 사실을 깨닫기 때문이다.

아니면 목표에는 도달했지만 상실감과 공허감을 느끼게 될 수도 있다. '그래서 뭐? 이 이상의 뭔가가 있어야 하는데. 고작 이게 다야?' 주변에 친한 친구들도 없이 고독한 삶을 살아온 남성들이라면 대개 자신의 감정을 경험하거나 표현하는 법을 배우지 못했을 것이다. 이렇듯 자신의 일을 기반으로 정체성을 형성해 온 사람들은 전형적인 중년의 위기를 보다 쉽게 경험한다.

여성들의 경우는 자신의 성과나 외모, 또는 어머니의 역할을 통해 정체성을 형성하는 예들이 많다. 그들 또한 중년기에 이르면 남성들과 비슷한 생각을 하게 된다. '이것이 다란 말인가?' 그 나이가 되면 자신의 성과나 외모는 점점 더 바닥을 향하게 되고 자녀들도 집을 떠나는 현실에 직면하게 된다. 지금까지는 대개 여성들보다 남성들의 중년에 더 많은 관심이 집중되어 왔다. 이 말은 여성들이 받을 수 있는 도움이나 이해가 더 적다는 뜻이다.

이룰 수 없는 꿈도 상실이다

삶은 본질적으로 꿈과 열망들로 구성되어 있다. 우리에겐 꿈과 열정이 필요하다. 우리 사회 역시 마찬가지다. 꿈이 있어야 동기가 생기고, 새로운 발명과 접근법들이 생겨나며, 사람들도 목적의식을 갖게 된다. 그렇기 때문에 꿈이 사라지면 엄청난 손실이 발생할 수 있다.

우리 생각에는 대부분의 꿈이 젊은이들로부터 나온다고 여기는 것 같다. 어릴 적 꿈이 무엇이었는지 기억나는가? 아마 그 꿈들은 우리가 장차 갖게 될 직업이나 소득과 관련이 있었을 것이다. 어쩌면 자신이 창조해 낼 어떤 것과 관련되었을지도 모른다. 예를 들어, 나는 항상 숲과 계절을 경험할 수 있는 삶을 살고 싶었다. 결국 쉰의 나이에 그 꿈의 일부를 이루긴 했지만 내가 꿈꾸었던 그대로는 아니었다.

당신의 꿈들은 어떠한가? 어떤 꿈들이 이루어졌으며 어떤 꿈들을 포기했는가? 지금 당신의 꿈은 무엇인가?

고등학교 시절, 내 친구들은 모두들 이루고자 하는 꿈이 있었다. 내 꿈들과 그 친구들의 꿈, 그리고 나의 상담 사무실에서 내담자들을 통해 자주 듣게 되는 꿈들을 생각해 보면, 두 부류의 꿈이 있다는 걸 알게 된다. 바로 현실적인 꿈과 비현실적인 꿈이다.

어떤 꿈들은 실현이 가능하다. 그런데 어떤 꿈들은 실제 세상에서는 이룰 수 없는 환상에 가깝다. 젊고 야심찬 여배우는 연기가 자신에게 정체성과 삶의 의미를 부여해 준다고 생각하지만 정작 직업적 성공에 도달하려면 천박함이나 조작, 묵인이 포함될 수 있고, 자신의 꿈이 말살될 가능성도 있음을 알게 될 것이다. 외진 곳에 있는 작은 부족의 미래를 변화시키려는 꿈을 가진 평화봉사단의 일원이라면 자신이 그 일을 완수할 수 없다는 걸 깨닫게 될지도 모른다. 그리고 내가 종종 듣게 되는 이야기 가운데 하나는 행복하고 만족스러운 결혼생활에 대한 꿈을 꾸었지만 남편이 집을 나가는 순간 그 꿈이 무너져 버렸다는 아내들의 토로다.

나이를 먹을수록 우리의 꿈은 줄어든다. 에너지와 시간, 그리고 갈망이 줄어들기 때문이다. 어릴 때 가졌던 꿈들을 조금씩 버리는 것은 현실적인 어른이 되어 가는 한 부분이다. 주디스 바이올스트(Judith Viorst)는 《상처 입은 나를 위로하라 *Necessary Losses*》(Y브릭로드 역간)라는 책에서 '불가피한 상실'에 대해서 이야기한다. 우리가 인생의 다음 단계로 나아가기 위해서는 반드시 겪어야 할 상실들이 있다는 것이다. [2]

꿈을 포기하는 것이 말처럼 쉬운가? 그렇지는 않을 것이다. 꿈은 우리에게 희망과 영감을 준다. 자동차가 사고로 파손되듯이 눈에 보이는 것은 아니지만 그것은 우리 내면에 똑같이 생생하게 느껴진다.

자신의 정체성이 꿈과 얼마나 밀접하게 연관되어 있는지 생각해 보았는가? 당신의 꿈들이 없어진다면, 당신은 누구인가? 잃어버린 꿈들이 당신 자신에 대한 생각에 어떤 영향을 미치는가? 꿈을 포기한다는 것은 자신이 이 꿈들을 이룰 만한 능력이나 시간이 없다는 것뿐 아니라 언젠가는 자신이 이곳에 존재하지도 않을 것이라는 현실을 직시하는 것이다! 이 땅에서의 삶에는 끝이 있다.

우리의 모든 꿈들이 심오해야 할 필요는 없다. 나는 항상 음악과 함께 자랐다. 피아노를 치거나 클라리넷, 색소폰을 불며 성장했다. 학창 시절, 밴드나 오케스트라에서 이 악기들을 통해 즐거운 경험들을 많이 했지만, 마음 한쪽에는 늘 트럼펫을 연주하고 싶은 갈망이 있었다. 특히 훌륭한 연주를 들을 때는 그 꿈이 더욱 활활 타올랐다.

48세 때인가, 한날은 트럼펫 연주에 대한 내 꿈에 대해 생각해 보았다. 그때 이런 생각이 들었다. '그래, 못하란 법이 있나? 문제될 것 없잖아.' 그래서 선생님을 찾고, 트럼펫을 빌려(결국엔 악기를 샀다), 몇 년 동안 레슨을 받았다. 결국은 몇 가지 이유로 그만두게 되었지만 몇 곡을 연주할 수 있을 만큼 배웠고, 꽤 만족스러웠다. 사실, 내가 연주할 때 강아지들이 밖으로 나가지 않고 방안에 있었을 때 정말 큰 격려가 되었다. 하지만 나의 성취감과 더불어, 현실 또한 크게

다가왔다. 어릴 때 트럼펫을 배우기 시작한 경우에 비해 내 나이에
는 입술 근육이 잘 움직이질 않았다. 게다가 내가 어릴 때 꿈꿨던 수
준에 도달하기 위해서는 매일 많은 시간을 투자해야 하는데 내겐 그
럴 만한 시간이 없었다. 그 모든 사실을 종합해서 그만두자는 결론
에 이르게 된 것이다. 비록 처음에 바랐던 만큼은 아니지만 나는 꿈
을 이루었다. 이것이 우리가 나이가 들어가면서 삶의 여러 분야에
서 직면하는 과정이다.

　　하지만 나이가 든다고 해서 우리의 꿈들이 사라지기만 하는
것은 아니다. 우리의 현실과 가진 능력에 맞게 꿈을 변경하고 수정
하고 개조하면 된다. 나는 50대, 60대, 70대에도 여전히 자신의 꿈
을 가지고 있는 사람들을 종종 만나곤 한다. 이들이야말로 꿈의 생
존자들이다.[3]

사람들의 평가가 나인가

　　특히 여성 내담자들이 상담자에게 가장 자주 하는 질문 가운
데 하나는 다른 사람들의 말에 기반을 둔 정체성과 자존감에 관한
것이다. 모든 연령대의 여성들이 이 문제로 씨름한다. 도움을 줄 수
있는 강의와 자료들이 많이 있음에도 불구하고, 이 갈등은 여전히

계속되고 있다.

다른 사람들의 말이나 평가에 휘둘리는 것은 잘못된 토대 위에 건물을 짓는 것과 같다. 대표적인 예는, 과거에 자신이 들었던 말들을 그대로 믿는 것이다. 부모가 자기 아이에게 이렇게 말했을 수 있다. "얘는 절대 자기 방을 안 치워요." 또는 선생님들이 이렇게 말했을 수도 있다. "넌 그냥 공부 못하는 애일뿐이야." 이런 이야기를 들은 아이는 자신이 단정치 못하고, 매력 없고, 멍청한 아이라고 믿으며 자란다. 이 아이의 정체성은 다른 사람들의 말을 기반으로 한 것이다. 당신에게도 그런 일이 있었는가? 그 말들은 사실이 아닐 수도 있지만, 그 말을 믿었기 때문에 그것이 사실이 되었다. 그리고 그 모습이 자신이라 여기고 그에 맞춰 행동했을 것이다.

다른 사람들이 했던 말들을 근거로 자신의 정체성을 형성해 왔다면 당신은 그 사람들에게 엄청난 힘을 부여한 것이며 그들이 당신의 삶을 지배하게 한 것이다. 하지만 그들의 생각이 정확히 옳다고 확신하는가? 당신이 정말로 누구인지 더 정확하게 묘사해 줄 다른 사람들은 없는가? 다른 사람들이 당신에 대해 아는 것과 하나님이 당신에 대해 아는 것이 얼마나 다른지 비교해 보라.

많은 사람들이 자기 정체성의 근거로 잘못 사용하고 있는 사회의 네 가지 중요한 기준들이 있다.

1. **업적.** 어떤 사람들은 자신이 무엇을 어떻게 성취했는가를 정체성의 근거로 삼는다. 그들은 자신이 하는 일을 통해 지위가 부여된다고 믿는다. 어떤 종류의 일 또는 역할들에 관여하고 있느냐에 따라 지위가 더 높아질 수 있다고 믿는 것이다. 당신도 그런가?

2. **소유물.** 어떤 이들은 자신이 소유하고 있는 것을 정체성의 근거로 삼는다. 그들은 끊임없이 무언가를 가지려고 한다. 자신에 대해 만족스럽지 않을 때는 쇼핑몰로 향하거나 인터넷 쇼핑을 한다. 그들은 자신과 다른 사람들이 가진 것을 비교하려는 경향이 있어서 늘 힘들어 한다. 당신은 어떤가?

3. **아는 사람.** 또 어떤 사람들은 자신이 알고 지내는 사람을 정체성의 근거로 삼는다. 안타깝게도 이들은 저명인사의 이름을 마치 친구인양 팔아먹기까지 한다. 그들은 다른 사람들의 지위에 위협감을 느끼거나, 혹은 지위를 얻으려 애쓰면서 다른 사람들에게 위협적인 사람이 된다.

4. **외모.** 많은 이들이 자신의 외모에 대한 느낌을 정체성의 근
거로 삼는다. 특히 여성들의 경우 더욱 그렇다. 그들은 거울
앞에서 많은 시간을 보낸다. 하루에도 몇 번씩 옷을 갈아입
고 화장품을 사는 데 엄청난 돈을 쓴다. 자신이 매력이 없다
고 느껴지면 하루가 다 엉망이 될 수 있다. 나는 여성들이 자
신에 대해 느끼는 감정을 매우 강조하는데, 그 이유는 여성들
의 매력이 주로 자신의 외모에 대한 평가에 의해서 좌우되기
때문이다. 더러는 그것이 다른 사람들의 반응에 근거하기도
하지만, 자기 자신을 매력 있게 여기지 않으면 다른 사람들이
제아무리 칭찬을 해도 소용이 없다. 25명이 그녀의 외모를 격
찬해도 별 소용이 없는 것이다. 당신도 이와 같은가?

한 작가가 이런 거짓된 근거들에 대해 한 말이 있는데, 나는 그
말이 매우 마음에 든다.

우리가 자신의 외모나 업적, 친구들이나 소유물을 다른 사람들
과 비교할 때는 주로 환상에 근거하여 비교하고 있는 것이다.
요즘 텔레비전 드라마나 로맨스 소설이 유행하는 이유도 아마
이런 연유일 것이다.
…우리가 아름다워야만, 어떤 제품을 사용해야만, 어떤 사람들을

알아야만, 성공해야만, 또는 경제적으로 안정되어야만 가치가 있다고 믿을 때 우리는 불완전한 기초 위에 우리의 자아상을 세우고 있는 것이다.

…우리가 이처럼 유행을 좇는 견해들을 덥석 받아들일 때 사회는 두 팔을 들고 환영할 것이다. 우리가 그 사회의 틀에 들어맞기 때문이다. 하지만 그 틀이 바뀐다면 어떤 일이 벌어지게 될까?[4]

나는 이런 미약한 기반들 위에 자신의 정체성을 형성한 수많은 사람들을 매일같이 대하고 있다.

나는 나를 누구라고 믿고 있나

당신은 자신에 대해 어떤 믿음들을 가지고 있는가? 당신의 정체성은 불완전한 기초 위에 세워졌는가? 다음 질문들이 지금 자기 위치를 아는 데 도움이 될 수도 있을 것이다.

1. 자신에게 본질적으로 잘못되었거나 나쁜 것이 있다고 믿는가?

2. 자신이 괜찮은 존재인지 아닌지가 다른 사람들의 인정에 달려 있다고 믿는가? 그렇다면 당신이 인정받고 싶은 사람들은 누구인가? 당신의 어머니나 아버지가 당신을 못마땅해 하셨는가? 만약 그랬다면 어떤 기분이 드는가?

3. 내가 괜찮은 사람인지 아닌지가 돈을 얼마나 많이 버느냐와 관련이 있다고 믿는가? 이 믿음은 어디서 온 것인가?

4. 항상 모든 면에서 옳아야만 자신이 괜찮은 사람이거나 좋은 사람이라고 믿는가? 만약 당신이 틀렸다면 인정을 받지 못하

거나 거절당할 것이라고 믿는가?

5. 자신이 지나치게 민감하기 때문에 괜찮은 사람이 아니라고 믿고
   있는가?

6. 자기 자신이 무력하고 약하다고 믿고 있는가?

7. 가치 있는 존재가 되려면 모든 사람을 기쁘게 해주어야 한다
   고 믿는가?

8. 자신이 괜찮은 사람인지 아닌지가 받은 교육의 수준과
   관련이 있다고 믿는가?

9. 자신의 가치와 자신감이 외모와 관련이 있다고 믿는가? 키가
   큰가, 작은가? 뚱뚱한가, 날씬한가?[5]

　　우리들 대부분은 보이지 않는 내면의 비평가와 함께 살고 있
는데, 그것이 우리 자신에 대한 믿음과 다른 사람들에게 반응하는
태도에 중요한 영향을 끼친다. 내면의 비평가는 잘못을 비난하는
양심과 같다. 그것은 부모님이나 당신이 존경했던 사람들의 판단과
평가에 대한 반응으로 형성된 기준에 근거하여 작동한다. 당신 마
음속 비평가는 당신이 이러한 기준들에 미치지 못한다는 것을 재빨
리 지적한다.

과거의 상처에 '왜'라고 묻지 말고 '어떻게'로 접근하라

과거는 어떤가? 과거의 상처들이나 부정적인 삶의 경험들만 없었더라면 인생이 훨씬 더 편했을 것이라고 생각한 적이 있는가? 아침에 잠에서 깼을 때 그런 마음이 든 적이 있는가? 그냥 아무것도 시작할 수 없을 것 같은 생각이 드는가? 나는 가끔 사람들이 이렇게 말하는 것을 듣곤 한다. "정말로 앞을 향해 나아가고 싶어요. 그렇게 하려고 노력도 해보지만 시작하기가 너무 힘들어요." 이것은 자신의 정체성이 마음에 들지 않지만 어떻게 바꿀 수도 없을 것 같은 마음이다.

그 기분을 이해한다. 때로는 과거의 상처와 문제들이 우리의 움직임을 방해한다. 끊임없이 시도하고 엄청난 노력을 쏟아야만 겨우 전진할 수 있다. 과도한 마음의 짐은 당신을 꼼짝 못하게 하고 축복마저 앗아갈 수 있다.

40년 넘게 상담가로 일하면서 과거의 영향력들과 씨름하는 수많은 사람들의 이야기를 들어 왔다. 그들 중 일부는 자유롭게 벗어나 앞으로 나아갈 수 있다. 그런데 일부는 그러지 못했다. 어떤 이들은 정말 열심히 싸우는데 진척은 더딜 뿐이다. 많은 사람들이 자신들에게 일어난 일 때문에, 또는 결국 상담하러 오기까지 오랜 세월을 헛되게 보낸 것 때문에 우울함을 느낀다. 나는 그들의 정체성 안에서 그것을 본다.

몇몇 사람들은 부적절한 방법으로 감정의 응어리들을 다루기도 한다. 공통적으로 대부분의 사람들은 놓쳐 버린 기회들을 아쉬워하며 후회한다. 이런 식이다. "내가 …만 했더라면", "아, 그때 …했던 게 얼마나 후회되는지." 우리가 과거 속에서 살아가는 또 다른 방식을 잭 헤이포드(Jack Hayford)는 '반전의 기억'(remembrance of reversals)이라고 묘사한다.[6] 반전은 후회와 비슷한데, 일어날 수도 있었던 일에 초점이 맞춰져 있다. "그 일이 일어나지만 않았어도"라든가 "내가 다르게 처신했더라면" 하는 식이다. 때로는 성장과 변화의 과정을 이끌기 위해 내담자들에게 그들이 했더라면 좋았을 일들과 후회되는 일들을 모두 적어 달라고 한다. 그래서 우리는 그것들을 하나하나 따져보며 후회를 잠재운다.

그러나 내가 종종 듣는 후회들은 대부분 헛된 것들이다. 우리가 후회하는 것이 다른 사람들이 우리에게 했던 일이든 우리가 다른 사람들에게 저지른 일(죄)이든 간에, 과거를 돌아보는 것은 현재의 축복을 누리지 못하게 하고 미래로 나아가지 못하게 하는 방해물일 뿐이다. 후회 자체를 하지 말아야 한다는 의미는 아니다. 과거를 돌아보아야 할 시간과 장소가 있다는 것이다. 그러나 한번이면 족하다! 그 다음에는 새로운 방향으로 나아가기 시작해야 한다.

우리는 모두 과거로 인한 마음의 응어리와 개인적인 실패의 기억들이 있다. 과거는 과거일 뿐이며, 그 기간에 일어난 사건들은 절대로 달라질 수 없다. 하지만 그 사건의 결과들은 달라질 수 있다.

존(John)은 얼마 전부터 상담을 받아온 중년 남자다. 그는 자라면서 많은 어려움을 겪었고, 그 결과들이 계속 그에게 남아 있었다. 이따금씩 해결되지 않은 과거의 문제들이 불쑥 튀어나왔고, 이제는 그것이 가정과 직장생활까지 혼란에 빠뜨렸다. 상담을 하면서 그는 자신에게 일어났던 일과 젊을 때 했던 잘못된 선택들에 대해 반복해서 이야기하는 경향이 있었다. 과거에 대한 한탄을 거듭했다고 표현하는 것이 가장 좋겠다.

나는 이렇게 말했다. "존, 당신은 정말로 과거에 일어났던 일을 후회하는 것 같군요. 또 지난 일들 때문에 당신 삶의 일부분을 헛되게 보냈다고 느끼는 것 같습니다. 그렇다면 이제 당신의 현재 삶을 다르게 만듦으로써 지난 일들로부터 벗어나 앞으로 나아가는 데 시간과 에너지를 집중하는 것이 가장 좋지 않을까요? 과거는 바뀔 수 없지만 현재와 미래는 바뀔 수 있으니까요.

존, 당신은 그리스도인이고 당신의 힘만으로 살 필요가 없습니다. 하나님이 잃어버린 지난 세월들을 만회해 주시고 지금 당신이 할 수 있는 일을 도와주시니까요. 과거는 그분께 맡기고 지금 당신이 하나님 안에서 어떤 사람이 되었는지 깨닫고 기뻐하는 것이 중요합니다. 저는 하나님이 당신을 위해 놀라운 일들을 예비해 놓으셨다고 생각합니다. 어떻게 생각하세요, 존?"

당신은 어떤가? 오늘 당신의 삶 속에서 하나님이 일하시게 하라. 그렇게 하면 헤어 나오기 힘든 과거의 상처로부터 빠져나올 수 있을 것이다.

우리가 과거를 다룰 때 사용하는 위험한 전략 가운데 하나는 비난이다. 우리는 과거에 다른 사람들이 우리에게 한 일에 대해 속죄하게 만들려고 한다. 힐책과 비난은 우리에게 분한 마음을 갖게 하고, 결국은 상대방을 용서하지 못하도록 한다. 그리고 그 상처는 곪아서 고통스러운 기억으로 남는다.

과거에 대한 또 한 가지 흔한 반응은 포기해 버리는 것이다. 우리는 이제부터 다르게 행동하겠다고 다짐한다. 하지만 과거의 태도와 행위들을 그냥 버렸을 뿐, 그것에 직면하여 깨끗이 해결하지는 않았다. 로이드 오길비(Lloyd Ogilvie) 박사는 다음 글에서 이것을 아주 잘 표현하고 있다.

우리는 과거의 문을 닫으려 하지만, 오로지 기억의 용들을 억누를 뿐이다. 종종 그것들은 끈질기게 문을 두드리며 우리의 의식 안으로 들어오려고 한다. 새로운 환경이나 상황에서 언제든 반복 재생하려고 총력을 기울이는 것이다. 기억들을 지우는 일은 매우 경건하게 들린다. 하지만 그것의 유일한 문제점은 별 효과

가 없다는 것이다.[7]

쓸데없는 후회나 자책, 포기라는 짐들을 질질 끌고 가는 대신, 과거의 일들에 대해 기뻐하려고 노력해 보았는가? 이상하게 들릴지 모르지만, 기쁨은 결국 자유를 가져다준다. 과거에 대해 기뻐한다는 것이 가슴 아픈 일들이나 그 일들이 가져다준 고통을 부인하라는 의미는 아니다. 그보다는 더 이상 '왜'라고 묻지 않고 '어떻게'라고 묻는 경지에 이른다는 뜻이다. 어떻게 하면 우리는 과거의 일들로부터 배우고 그로 인해 다른 사람이 될 수 있을까?

마주하는 순간, 하나님의 회복이 시작된다

하나님이 더 좋은 것으로 당신을 부르셨는데 왜 계속해서 거짓된 정체성을 붙잡고 있는가? 자신에 대한 잘못된 믿음 대신 하나님이 주시는 믿음을 생각하고 그것을 어떻게 적용할지 발견하라.

나는 이렇게 말하는 많은 사람들과 대화를 나누었다. "저는 정말로 저 자신에 대한 낡은 신념들을 버리고 싶어요. 그것들은 저를 제한할 뿐이거든요. 정말이지 이제는 집을 깨끗이 청소할 때라고 생각해요."

그러면 나는 보통 이렇게 대답한다. "시작은 아주 좋습니다. 그러나 나머지 일은 어떻게 하실 건가요?"

"나머지 일이라뇨?" 그들은 묻는다.

"집안 청소는 일의 절반에 불과합니다. 실내 장식도 다시 해야지요. 깊숙이 자리 잡은 신념들은 쉽게 없어지지 않을 수도 있습니다. 당신 자신에 대한 새롭고, 정확하고, 긍정적인 신념들로 그것을 대체해야 할 것입니다."

부정적인 생각들을 청소하다

성경은 우리가 집을 청소하는 과정을 아주 진지하게 받아들여야 한다고 경고하고 있다. 마태복음 12장 43-45절을 생각해 보자.

더러운 귀신이 사람에게서 나갔을 때에 물 없는 곳으로 다니며 쉬기를 구하되 쉴 곳을 얻지 못하고 이에 이르되 내가 나온 내 집으로 돌아가리라 하고 와 보니 그 집이 비고 청소되고 수리되었거늘 이에 가서 저보다 더 악한 귀신 일곱을 데리고 들어가서 거하니 그 사람의 나중 형편이 전보다 더욱 심하게 되느니라 이 악한 세대가 또한 이렇게 되리라.

마치 우리가 살고 있는 집처럼 모든 생각들이 들어 있는 곳을 머릿속에 그려 보자. 그 안에는 자기 자신과 세상에 대한 모든 생각들이 가득 차 있다. 또한 다른 사람들이 당신에게 물려 준 '가구들'도 많이 있다.

이 가구들 중에는 당신이 부모나 친구들, 형제자매, 교사, 또 다른 이들로부터 물려받은 해롭거나 부정적인 자기 대화도 포함된다. 당신은 오랫동안 사람들로부터 받은 가구들을 간직하면서 지금까지 계속 사용해 왔다. 이 낡아빠진 가구들 중 일부는 손상되어 부서질 위험도 있다.

이제 한 친구가 폐물 처리하는 일을 도와주기로 했다고 가정해 보자. 그는 당신이 부정적인 생각의 패턴들을 영원히 버리도록 도와줄 것이다. 이제 그것들은 완전히 사라질 것이다. 두 사람이 만나 그 모든 것을 상자에 담아 집 밖으로 가져가 차고에 넣어둔다. 양탄자, 난로, 침대, 테이블, 의자, 모든 것을 끄집어낸다. 모든 낡은 자기 신념이 이제 차고에 쌓인다. 아무도 볼 수 없는 곳에.

친구가 가고 나면 집안으로 다시 들어간다. 가구가 하나도 없으니 집이 훨씬 더 넓어진 것 같다. 거실은 텅 비었고 깔끔하다. 쾌쾌한 냄새도 사라진 것 같다. 어디에도 부정적인 생각은 찾아볼 수 없다. 당신은 이렇게 생각하기 시작한다. '자 이제는 긍정적인 생각을 해야지! 난 긍정적으로 생각하는 사람이 될 거야!'

이제 당신은 크고 텅 빈 집에 홀로 남았다. 이 방, 저 방을 돌아다녀 본다. 오래되고 낡은 부정적 생각들을 모두 제거하고 난 후의 집이 마음에 쏙 든다.

하지만 너무 텅 빈 것 같다. 한 시간, 두 시간, 세 시간이 지난다. 당신은 생각한다. '아주 좋아! 이제 난 오래 묵혔던 부정적 생각들을 다 쫓아냈어. 아무것도 보이지 않아!'

하지만 텅 빈 집이 자꾸만 마음에 걸린다. 그래서 얼마 후 낡은 물건들을 다시 찾아보기로 한다. 밖으로 나가 차고로 향한다. 매우 익숙하게 느껴지는 물건이 눈에 들어온다. 예를 들면 이런 부정적 생각들이다. '나는 관계 속에서 줄 것이 많지 않아.'

당신은 생각한다. '이건 아무 해가 되지 않을 거야. 이거 하나만 다시 가져가자.'

잠시 후 당신은 그 과정을 반복한다. 그리고 몇 시간이 지나지 않아 버렸던 폐물들을 모조리 되찾아온다. 왜 그렇게 될까? 아무리 나쁘더라도 그 모든 생각들이 자신에게 편안하게 느껴지기 때문이다. 당신은 이미 그것들에 익숙해져 있다.

긍정적인 생각들로 마음을 채우라

우리는 마음속의 공허함이나 빈자리를 힘들어한다. 따라서 우리가 단지 마음속에서 부정적인 생각들을 없애려 하거나 그 자리에 긍정적인 생각들을 채워 넣지 못한다면 부정적인 생각들은 언제든 다시 돌아올 것이다.

집을 대대적으로 치울 때는 낡은 가구들을 다시 사용할 수 있게 보관해 두기보다는 갖다 버리거나 폐기하는 것이 더 생산적이다. 게다가 무거운 새 가구들을 들인다면 훨씬 더 성공적일 것이다. 그것은 자신에 대한 긍정적인 생각들로, 자기 자신과 정체성에 대한 하나님의 진실한 관점을 나타내는 것이다.

이것을 마음에 새기고 매일 상기하라. 우리는 하나님의 형상을 지닌 자로 창조되었다. 당신은 이미 그 형상을 품고 있고, 하나님은 당신을 그렇게 만들어 가실 것이다. 이것이 당신의 본질이고, 정체성의 기반이다. 이 진리는 우리 자신뿐 아니라 주변의 가족들이나 우리가 아는 모든 이들도 하나님의 형상으로 창조되었다는 사실을 떠올리도록 도와준다!

하나님이 이르시되 우리의 형상을 따라 우리의 모양대로 우리가 사람을 만들고 그들로 바다의 물고기와 하늘의 새와 가축과

온 땅과 땅에 기는 모든 것을 다스리게 하자 하시고(창 1:26).

자신의 모습에서 하나님을 되비추라

하나님은 거울이 사물을 비추듯이 우리가 하나님의 성품을 되비추도록 만드셨다. 거울로 자신을 들여다 볼 때 하나님의 형상을 보고 있다는 것을 항상 기억하라.

하나님은 다른 어떤 것도 그분 자신의 형상으로 만들지 않으셨다. 마치 우리를 선택하셔서 이 목적을 이루시기 위해 우리들을 높여 주시는 것 같다. 하지만 우리는 이 사실을 얼마나 빨리 잊어버리는지 모른다. 그리고 많은 것들이 우리가 하나님의 형상으로 창조되었다는 사실을 망각하도록 그냥 내버려둔다. 우리가 의식하든 못하든 간에, 다른 요소들을 우리 정체성의 기반으로 선택하고 마치 그것들을 우상처럼 의지하는 것 같다. 어쩌면 그렇게 하면서도 그것의 존재를 모르고 있는 것 같다.

앞에서 사람들이 정체성의 기반으로 사용하는 네 가지 주요 기준들에 대해 언급했다. 그것은 자신의 업적이나 소유물, 다른 사람들 또는 '자신이 알고 지내는 사람', 그리고 외모이다. 많은 사람들이 이런 잘못된 기반들 위에 자신의 이미지를 형성한다. 그리고 "나는 하나님의 형상으로 창조되었다. 그게 바로 나다. 위의 어떤 것도 그에 비할 수 없다"는 사실을 망각한다. 매일 스스로 이렇게 다짐하라. "나는 하나님의 형상으로 창조되었고, 그의 영광을 나타내도록 부르심을 받았다."

옛것을 놓고 새것을 붙잡는 용기가 필요하다

과거의 정체성(자신에 관한 부정확한 메시지에 기반을 둔)을 버리고 하나님의 무조건적인 사랑과 인정을 기반으로 새 정체성을 세우는 것은 매우 중요하다. 그러기 위해서는 무조건적인 사랑과 하나님이 주신 자신의 참된 정체성이 필요하다. 어떤 정체성이 더 가치가 있는지 판단했으면, 이제 하나는 버리고 다른 하나는 붙잡아야 한다.

폴 트루니에(Paul Tournier) 박사는 그리스도인의 성장을 공중그네를 타는 경험에 비유한다. 공중그네를 타는 사람이 그네 막대를 꼭 붙잡는 것은 그것이 그의 안전을 보장해 주기 때문이다. 하지만 또 다른 공중그네가 가까이 오면 그는 잡고 있던 막대를 놓고 다른 막대를 붙잡아야 한다. 어찌 보면 정말 무시무시한 과정이다. 마찬가지로 하나님은 새로운 공중그네 막대를 우리 눈앞에 던져 주신다. 그것은 하나님의 말씀에 근거한 긍정적이고 정확하며 완전히 새로운 정체성이다. 하지만 새것을 붙잡기 위해선 낡은 것을 놓아야 한다. 이 과정에서 익숙한 것과 옛 정체성이 주는 안정감을 포기하기가 어려울 것이다. 그러나 당신이 얻게 될 더 좋은 것을 생각해 본다면 용기를 낼 수 있을 것이다.[8]

놀라운 하나님의 은혜[9]

그리스도인의 삶에서 정체성의 기반이 되는 단어가 있다. 이 것은 실제로 우리 삶을 놀랍게 변화시키는 강력한 요소이기도 하다. 바로 은혜다. 성경 전체에 걸쳐 '은혜'라는 말은 은총, 특히 노력으로 얻는 것이 아니라 선물로 주어지는 하나님의 호의나 도움과 관련하여 사용되고 있다. 필립 얀시(Philip Yancey)는 자신의 책 《놀라운 하나님의 은혜 *What's So Amazing About Grace?*》(IVP 역간)에서 은혜를 이렇게 정의하고 있다.

은혜는 여러 가지 형태로 나타나기 때문에 그것을 한마디로 정의하기는 참 어렵다. 나는 하나님과 관련하여 은혜의 정의를 내릴 준비가 되었다고 생각했다. 은혜는 하나님이 우리를 더 사랑하도록 하기 위해 우리가 할 수 있는 일이 아무것도 없다는 뜻이다. 어떠한 영적 훈련이나 금욕도, 신학교에서 배운 많은 지식도, 의로운 일도 다 소용없다. 그리고 은혜는 하나님이 우리를 덜 사랑하도록 하기 위해 우리가 할 수 있는 일이 아무것도 없다는 뜻이기도 하다. 인종 차별, 교만, 음란함, 간음, 심지어 살인을 저질러도 마찬가지다. 은혜는 무한하신 하나님이 이미 사랑하실 수 있는 만큼 우리를 사랑하신다는 뜻이다.[10]

당신과 나는 돈이 별로 없는 예금 계좌와 같다. 우리는 항상 빚을 지고 있다. 그래서 결국 절망에 빠진다. 하지만 우리가 그리스도와 함께 걷고 있다면, 우리는 은혜로 구원받아 은혜로 살게 된 것이다. 존 오트버그(John Ortberg)는 《누더기 하나님 *Love Beyond Reason*》(사랑플러스 역간)이라는 책에서 하나님의 은혜로 이루어진 일을 명확하게 설명하고 있다.

이 은혜는 죄 때문에 절망한 적이 있는 모든 사람들을 위한 것이다. 그리고 산더미 같은 우리의 도덕적 부채를 없애 주는 것이기도 하다. 우리가 되어야 할 모습과 현실 사이에 괴리가 느껴졌다면, 도저히 그 간격을 좁힐 수 없을 것 같이 느꼈다면, 바로 당신을 위한 은혜가 여기에 있다. 하나님은 우리의 부채와 죄책감을 가져가 십자가에 죄다 못 박으셨다. 모든 청구서와 차용증

서를 다 말소하시고 폐기하셨기에 당신은 이제 자유다. 그 어떤 부담감도 없이 깨끗해졌다. 이제부터는 깃털처럼 가벼운 마음을 가지고 살 수 있다. 어제까지 당신이 무엇을 했든 상관없이, 오늘의 당신은 그렇다. 이것이 놀라운 은혜다.[11]

은혜에는 조건이 따르지 않는다

은혜는 받을 자격이 없는데 받는 것이며, 돈이나 노력으로 얻을 수도, 갚을 수도 없다. 에베소서 2장 4-5절은 이렇게 말한다. "긍휼이 풍성하신 하나님이 우리를 사랑하신 그 큰 사랑을 인하여 허물로 죽은 우리를 그리스도와 함께 살리셨고 (너희는 은혜로 구원을 받은 것이라)."

하나님은 이렇게 말씀하지 않으신다.

"…때문에 너를 사랑한다."

"…한 때부터 너를 사랑한다."

"…한다면 너를 사랑할 것이다."

"…할 때 너를 사랑할 것이다."

"…한 후에 너를 사랑할 것이다."

"…라면 너를 사랑할 것이다."

하나님의 사랑은 결코 조건이 붙지 않는다.[12]

간단히 말해서, 은혜는 받을 자격이 없고 노력으로 얻을 수도 없는 사람에게 호의와 친절을 베푸는 것이다. "은혜"라는 단어가 떠오를 때마다 그것이 얼마나 과분한가를 생각해 보라.

나폴레옹 시대에 전쟁에서 싸우다 지친 한 젊은 프랑스 병사가 보초 근무를 서는 동안 잠이 들었다. 그는 군법회의에서 유죄 판결을 받아 사형선고를 받았다. 과부인 그의 어머니는 갖은 방법을 강구하여 나폴레옹 황제를 직접 접견할 기회를 마련했다. 황제의 발 앞에 엎드린 어머니는 하나밖에 없는 아들이자 생계를 책임진 아들의 목숨을 제발 살려 달라고 애원했다. 나폴레옹은 그녀의 청원에 "당신의 아들은 동정 받을 자격이 없소. 죽어도 마땅하오"라며 차갑게 말했다. 그러자 그 어머니가 말했다. "물론 그렇습니다, 폐하. 옳은 말씀입니다. 그래서 제가 자비를 베풀어 달라고 간청하는 것입니다. 그 아이가 자격이 있었다면 자비가 필요 없었겠지요." 나폴레옹은 그 어머니의 논리에 감동을 받아 병사를 사면해 주었다.

만일 우리에게 자격이 있다면 그것은 은혜가 아닐 것이다. 은혜는 자격 없는 자에게 아무런 공로 없이 주어지는 것이다. 우리의 죄, 죄책감, 무가치함, 그 어떤 것에도 방해받지 않는 하나님의 값없는 선물이다.

은혜에는 변화의 힘이 있다

은혜는 결과적으로 우리에게 새로운 차원의 의미와 가치를 부여해 주는 하나님의 공짜 선물이라고 정의할 수 있다. 은혜는 상황과 관계없이 주어지는 당신을 향한 하나님의 친절한 성품, 무조건적인 사랑, 관심, 동정, 호의다. 그렇다. 어떠한 상황이든 상관없다. 하나님의 가장 큰 은혜의 선물은 그리스도를 통해 우리에게 주어졌다.

그리스도의 대속으로 인해

이제 난 무한한 가치를 지닌 새로운 피조물이 되었네.

깊은 사랑과

온전한 용서를 받으며,

하나님께 완전히 용납되어

그분의 전적인 기쁨이 되며,

그리스도 안에서 절대적으로 완벽해졌네.

나의 행동들이

그리스도 안에 있는 새로운 정체성을 반영할 때

그것은 역동적이면서도 특별한 무엇.

인류 역사 속에서

나와 같았던 이는

이전에도

앞으로도 없을 것이라.

하나님은 나를 독창적인 사람으로,

독특한 존재로,

특별한 사람으로 만들어 주셨네. [13]

이 글을 일주일 동안 매일 큰소리로 읽고 그것이 당신의 삶 속에 어떤 변화를 일으키는지, 당신 자신을 바라보는 관점이 어떻게 달라지는지 지켜보라.

당신은 특별한 사람으로 공표되었고, 실제로 특별한 사람이다! 에베소서 1장 4-5절을 보자.

곧 창세 전에 그리스도 안에서 우리를 택하사 우리로 사랑 안에서 그 앞에 거룩하고 흠이 없게 하시려고 그 기쁘신 뜻대로 우리를 예정하사 예수 그리스도로 말미암아 자기의 아들들이 되게 하셨으니.

참으로 아름다운 말씀이지만, 우리들 대부분은 자신과 관련하여 이 말씀을 이해하거나 진심으로 믿기를 매우 어려워한다. 그러나 우리가 하나님의 은혜 안에 있으면, 곧 그 은혜를 받아들이면, 은혜가 우리를 변화시키기 시작한다. 하나님이 친히 그 은혜를 사용하여 우리의 모든 죄와 무력감과 과거로부터 온 모든 고통을 치유해 주신다. 이것이 치유의 은혜다. 더 이상 은혜를 헛되이 지나치지 않기를 바란다. 하나님은 우리가 은혜를 경험하기 원하신다! 또한 한때의 감정적인 경험이 아니라 삶의 양식으로, 우리가 호흡하고 살며 나누는 것이 되길 바라신다.

우리는 받은 것을 나누어 줄 때 은혜의 사람들이 된다. 때로는 자신 외에 다른 사람에게 초점을 두는 것이 우울함과 외로움과 절망의 고통을 극복하는 첫 걸음이 될 수 있다. 무엇이든 당신이 초점을 두는 것이 당신의 마음과 생각 속에서 점점 더 큰 자리를 차지할 것이다. 중요한 것은 자신에게 초점을 둘 때 많은 마음의 고통과 패배가 따른다는 것이다. 실패나 다른 사람들이 실망시켰던 일들에 초점을 두는 데 지쳐 있다면, 이제 치유의 은혜를 받을 때다. 그것은 당신이 값없이 받고 또 값없이 나누어 주어야 하는 은혜다.

은혜의 습관을 만들라

은혜는 당신과 다른 사람들의 관계를 변화시킬 수 있는 많은 문구들을 가지고 있다. 그중 여섯 가지를 제시해 보겠다.

1. "제 생각이 짧았네요."
2. "당신 생각이 옳았어요."
3. "미안합니다."
4. "용서할게요."
5. "용서해 줄래요?"
6. "사랑합니다."

이 문장들을 잘 읽어 보고, 잠시 시간을 내어 작은 카드나 스마트폰, 태블릿 PC에 적어 보라. 그리고 자주 볼 수 있는 곳에 그 목록을 붙이거나 종종 꺼내 보라. 시간이 갈수록 이 문구들은 당신에게 제2의 성품이 되어 필요한 순간에 쉽게 튀어나오는 말이 될 것이다. 잠언 25장 11절 말씀처럼 이 말들이 "아로새긴 은 쟁반에 금 사과" 같이 될 것이다.

다음에 당신을 불쾌하게 만드는 사람과 부딪힐 때 이런 말들을 사용할 수 있을 것 같은가? 당신을 학대하거나 무시했던 부모, 배우자, 혹은 중요한 사람들을 생각할 때는 어떤가? 지금은 불가능해 보일지도 모른다. 하지만 때가 되면 하나님의 은혜와 변화를 원하는 당신의 의지가 만나, 아무리 나쁜 짓을 한 사람에게도 은혜로 이러한 말을 전달할 수 있게 될 것이다. 그때는 이전과는 전혀 다른 기분을 느낄 것이다.

은혜에는 치유하는 힘이 있다

어떤 이들은 자신의 본 모습을 받아들이기 힘들어한다. 그 이유는 자신이 잘못된 선택들을 해 왔다는 사실을 인정하기 어렵기 때문이다.

모든 사람이 잘못된 선택의 희생자는 아니다. 어떤 이들은 분명 자신의 의지와 상관없이 다른 사람들, 특히 가까운 사람들의 학대와 잘못과 죄악 때문에 피해를 입기도 한다.

어떤 경우가 되었건 우리가 들어야 할 메시지는 하나님 앞으로 나아가면 우리를 위해 예비된 풍성한 생명을 받을 수 있다는 것이다. 하나님으로부터 오는 치유의 은혜는 모든 것을 치유하기에 충분하다(고후 12:9 참조). 우리 자신과 우리를 향한 하나님의 사랑에 대한 생각에 중요한 변화가 필요할지도 모르겠다. 또는 그냥 하나님의 은혜의 선물을 받아들이기만 하면 될 수도 있다. 당신이 희생자로 남아 있을 필요는 없다.

치유의 은혜는 우리가 다른 사람들이 저지른 행동에 대한 피해자라는 생각에서 벗어나 그리스도 안에서 정복자가 되게 해준다. 성령의 능력과 변화를 일으키는 말씀의 역사로, 우리는 부정적인 자기 대화의 패턴에서 벗어나 은혜에 기반을 둔 마음자세를 가질 수 있다. 그리스도께서 우리를 무조건적으로 사랑하셨기 때문에 자기 자신과 다른 사람들을 미워하는 마음을 버리고 사랑하고 용서할 수 있다. 그리고 우리의 문제를 다른 사람의 탓으로 돌리거나 원한을 품는 마음에서 벗어날 수 있다. 원망하는 마음에 빠져 있는 것은 하나님의 뜻이 아니다.

은혜의 수원지는 예수 그리스도시다

치유의 은혜는 단지 자기 계발을 위한 또 하나의 마법 주문이나 철학이 아니다. 참된 치유가 일어나기 위해서는 예수 그리스도가 한 사람의 마음을 다스리신다는 전제가 있어야 한다. 그리스도가 우리 삶의 중심이 될 때 주의 은혜가 자유롭게 흘러가게 된다. 또한 우리 안에 계신 그리스도를 통해 다른 사람들에게까지 그 은혜가 흘러간다. 그리스도는 유일한 생명수의 근원이요, 생명의 떡이시다. 그리고 우주의 중심이시다. 그분을 통할 때 우리의 문제들은 보잘것없어지고, 해결 가능한 것이 되며, 우리 삶과 개인적인 성장에 전혀 위협이 되지 못한다.

예수님은 "나를 따르라. 내가 함께한다. 내가 할 것이다. 두려워 말라. 그냥 믿으라"(마 4:19; 16:24; 19:21; 요 10:27; 사 41:10; 46:9; 55:11; 수 1:9 참고)고 말씀하시며 "너는 할 수 있다!"고 말씀하신다(막 9:23 참조).

예수님께 우리의 삶을 맡긴다면 그 결과는 실로 놀라울 것이다.

《감정 치유 *Deadly Emotions*》(미션월드 역간)에서 돈 콜버트(Don Colbert) 박사는 17세기에 매우 흥미로운 원리를 발견한 한 사람에 대해 이야기한다. 네덜란드의 수학자이자 천문학자이며 물리학자였던 크리스티안 호이겐스(Christian Huygens)에 대한 것이다. 그는 추시계를 발명하여 판매했는데, 어느 날 저녁 침대에 누워 있다가 모든 시계의 추들이 일제히 한치의 오차도 없이 움직이고 있는 것을 발견했다. 분명히 처음에는 그렇지 않았는데 말이다. 그래서 그는 침대에서 일어나 시계들을 재시동해 보았다. 일부러 각기 다른 리듬으로 움직여 보았다. 그런데 얼마 안 있어 시계추는 다시 똑같아지기 시작했다. 몇 년 후 과학자들은 가장 강한 리듬을 가진 가장 큰 시계가 다른 추들까지 자신의 리듬에 따르게 한다는 사실을 발견했다. 우리 몸 안의 가장 강한 생물학적 진동자는 심장이며, 그것은 가장 큰 추시계와 같은 역할을 한다. 그것은 다른 모든 신체 체계를 자신의 리듬에 맞추게 하는 능력을 가지고 있다. 당신의 마음이 그리스도의 지배를 받아 평안하면 몸의 다른 부분들도 그 임재의 영향력을 경험한다. 그러나 자아가 중심에 있으면 삶은 조화를 이루지 못할 것이다.[14]

영적으로 말해서, 예수님이 우리의 삶 또는 마음의 중심에 계시면 그분의 임재와 평안이 우리의 몸과 마음, 관계를 비롯한 삶의 모든 면에 전해지게 된다. 예수님이 중심에 계실 때 우리에게 일어나는 변화를 살펴본다면 아마 깜짝 놀라게 될 것이다![15] 또한 예수님이 우리 삶의 중심에 계실 때 우리의 말과 행동 또한 그분의 은혜를 나타낼 것이다. 그 은혜는 예수 그리스도를 통해 우리에게 주어지는 하나님의 무조건적인 사랑과 용서의 선물이다. 은혜가 충만한 삶은 바로 은혜라는 선물을 통해 치유를 얻고 다른 사람들까지 치유해 주는 삶이다.

하나님께 속하라

결론은 우리가 자신에게 속한 것이 아니라 하나님께 속해 있다는 것이다. 이것을 다른 식으로 생각해 보자.

우리가 하나님께 속하였고, 하나님이 그리스도 안에서 우리를 조건 없이 사랑하시며, 그가 매일 우리를 향해 웃으신다는 것을 진정으로 이해하려면 우리가 누구이며 하나님의 자녀로서 어떤 사람이 되어 가고 있는지 더 깊이 이해할 필요가 있다. 하나님의 가족 안에서 우리의 정체성을 묘사하는 에베소서 1장의 몇몇 부분을 살펴보자.

에베소서 1장 3-4절에 나오는 좋은 소식에 대해선 이미 언급한 바 있다. 하나님이 우리를 자녀로 택하시고 그리스도 안에서 우리에게 영원한 복을 주셨다는 것이다. 4-5절은 우리와 하나님의 관계가 얼마나 친밀한가를 이야기한다. "곧 창세 전에 그리스도 안에서 우리를 택하사 우리로 사랑 안에서 그 앞에 거룩하고 흠이 없게 하시려고 그 기쁘신 뜻대로 우리를 예정하사 예수 그리스도로 말미암아 자기의 아들들이 되게 하셨으니." 우리는 하나님께 낯선 존재가 아니다. 먼 친척도 아니다. 하나님은 우리를 당신의 자녀로 택하셨다. 이것이 우리가 받은 복이다!

주일 아침 예배가 끝난 후 밖에 서 있는데 어떤 사람이 다가와 이렇게 묻는다고 상상해 보라. "저기, 그쪽이 저랑 똑같은 입양기관 출신이라는 거 아세요? 그쪽은 언제쯤 입양되었나요?"

이 이야기를 들은 당신이 보일 반응은 대략 몇 가지로 요약될 수 있을 것이다. 그중 한 가지는 깜짝 놀라며 이 낯선 사람이 어느 행성에서 날아왔는지 상황 파악이 되지 않는 것이다. 이렇게 말할지도 모른다. "무슨 말씀을 하시는지 모르겠습니다. 입양이라니요? 저는 제 친부모님 밑에서 자랐고, 그분들은 아직 살아 계십니다. 그리고 당신과 저는 같은 곳에서 자란 적이 없는 것 같은데요."

그 낯선 사람은 이렇게 대답한다. "하지만 그건 사실입니다. 우리는 같은 입양 가정 출신이에요. 당신은 언제 입양되었습니까?"

사실은 둘 다 맞다. 다만 서로가 다른 경험에 대해 이야기하고 있는 것일 뿐이다. 두 사람 모두 예수 그리스도를 구주로 알고 있다면, 둘 다 하나님의 가정으로 입양된 것이다. 사도 요한은 이렇게 말했다. "영접하는 자 곧 그 이름을 믿는 자들에게는 하나님의 자녀가 되는 권세를 주셨으니"(요 1:12). 로마서 8장 16절은 "성령이 친히 우리의 영과 더불어 우리가 하나님의 자녀인 것을 증언하시나니"라고 말한다. 우리가 얻은 영적 입양의 완전함을 이해하면 생각의 방향과 삶에 대한 반응이 달라질 수 있다. 그리스도인의 입양은 은혜의 선물이다. 이것은 또한 우리가 하나님의 복을 받기 위해 택함을 받은 방식이기도 하다.

신약 시대, 로마법에서는 자녀가 없는 성인이 상속자를 원할 경우 성인 남자를 자기 아들로 입양하는 것이 일반적인 일이었다. 이와 동일한 방식으로 우리도 하나님께 상속자로서 입양되었다.[16] 사도 바울은 이에 대해 다음과 같이 말한다. "자녀이면 또한 상속자 곧 하나님의 상속자요 그리스도와 함께 한 상속자니"(롬 8:17). "그러므로 네가 이 후로는 종이 아니요 아들이니 아들이면 하나님으로 말미암아 유업을 받을 자니라"(갈 4:7).

그렇다면 우리가 자녀로서 받은 권리와 특전에는 어떤 것들이 있을까? 에베소서에는 그중 많은 것들이 자세히 설명되어 있다.

- 우리 안에 계신 성령이 증언하듯이, 우리는 영생을 보장받았

다(1:13-14 참조).

- 그리고 그리스도 안에 있는 소망, "영광스러운 기업"을 받았다(1:18)
- 우리는 예수 그리스도를 죽은 자 가운데서 일으키시고 하나님 오른편에 앉히신, 하나님의 비할 데 없는 능력을 경험했다(1:19-20 참조).
- 우리가 한 일이나 앞으로 할 일과 상관없이 하나님의 넘치는 구원의 은혜를 받았다(2:8-9 참조).
- 이제 우리는 성령을 통해 아버지께 나아갈 수 있다(2:18 참조).
- 그리스도의 사랑을 알 수 있고, 그 사랑이 하나님의 충만함을 받을 수 있게 해줄 것이다(3:19 참조).

나는 실제로 한 가정의 자녀로 입양된 많은 내담자들을 만나 보았다. 그리고 그들이 입양되었다는 사실을 처음으로 알게 됐을 때 어떤 기분이었는지를 물어보았다. 어떤 이들은 누군가가 자신을 선택할 만큼 자신에게 관심을 가져 준 것에 대해 기뻤다고 했다. 하지만 어떤 이들은 자신을 버린 생물학적 부모에 대해 원망하는 마음과 분노가 일었다고 했다. 양쪽 부모에게 다 화가 났다는 사람도 있었다.

당신은 자신이 우주의 왕께 입양되었고 어둠의 왕국에서 구조

되었다는 사실에 대해 어떤 느낌이 드는가?(골 1:13 참조) 이것은 복음이 우리에게 주는 가장 큰 축복 가운데 하나이다. 우리는 하나님의 가족이 되었고 그의 자녀이자 상속자로서 인정받았다. 어쩌면 당신은 역기능 가정에서 자라면서 가족에게 감정적 학대나 육체적 학대를 받았을지도 모른다. 그러나 이제는 당신의 삶 속에 있는 공백들을 충분히 메워 주실 수 있는 새 아버지가 계신다. 앞으로는 가족의 일원으로서 하나님 아버지와의 관계에서 친밀감과 애정, 관용을 경험하게 될 것이다. 우리가 하나님의 상속자가 되었다는 사실은 신앙생활의 기초이자 매일의 삶 속에서 얻게 되는 다른 모든 축복들의 기반이 된다.

이것은 우리의 삶의 태도에도 많은 영향을 끼친다. 아이가 자라면서 아버지와 어머니를 닮아가듯이, 우리도 점점 더 아버지 하나님을 닮아갈 수 있기 때문이다.

한 예로, 산상수훈에서는 우리에게 아버지를 본받으라고 말씀하신다. "너희 원수를 사랑하며 너희를 박해하는 자를 위하여 기도하라… 그러므로 하늘에 계신 너희 아버지의 온전하심과 같이 너희도 온전하라"(마 5:44, 48).

또한 우리는 아버지께 영광을 돌려야 한다. "이같이 너희 빛이 사람 앞에 비치게 하여 그들로 너희 착한 행실을 보고 하늘에 계신 너희 아버지께 영광을 돌리게 하라"(마 5:16).

그리고 아버지를 기쁘게 해드려야 한다. "너는 구제할 때에 오른손이 하는 것을 왼손이 모르게 하여 네 구제함을 은밀하게 하라 은밀한 중에 보시는 너의 아버지께서 갚으시리라… 너는 기도할 때에 네 골방에 들어가 문을 닫고 은밀한 중에 계신 네 아버지께 기도하라 은밀한 중에 보시는 네 아버지께서 갚으시리라"(마 6:3-6).

우리가 아버지를 본받고, 그분을 영화롭게 하고 기쁘게 해드린다면 우리가 창조된 목적대로 살아가는 기쁨을 느끼기 시작할 것이다. 하나님의 자녀가 되는 축복을 누릴 뿐 아니라 하나님의 자녀답게 행하는 데서 오는 개인적인 유익들을 알게 될 것이다. 하나님에 대한 지식이 자라갈 때 우리를 향한 하나님의 사랑도 더 깊이 깨닫게 된다. 매일매일 하나님의 입양된 자녀로서 우리의 정체성을 따라 살 때 우리의 인격도 변화된다. 그리고 삶 속에서 우리의 목적을 이루어가는 복을 알게 된다.

우리의 축복은 하나님의 택함을 받아 입양되었다는 사실에서 그치지 않고 우리가 누구냐는 질문에 "나는 용서받은 사람입니다"라고 대답할 수 있는 데까지 이어진다. 예수 그리스도의 죽음으로 모든 잘못의 대가는 완전히 지불되었다. "우리는 그리스도 안에서 그의 은혜의 풍성함을 따라 그의 피로 말미암아 속량 곧 죄 사함을 받았느니라… 그 안에서 또한 믿어 약속의 성령으로 인치심을 받았으니 이는 우리 기업의 보증이 되사…"(엡 1:7, 13-14).

하나님은 단지 우리의 죄에 대해 "괜찮다. 내가 다 없었던 걸로 해주마"라고 말씀하지 않으신다. 우리 죄에 대한 처벌은 반드시 행해져야 했다. 하나님은 우리가 그리스도 안에서 영원한 정체성을 가질 수 있도록 그 어떤 것도 아끼지 않으셨다. 우리와 영원히 함께 하시기 위해 당신의 소중한 아들을 기꺼이 내어 주신 것이다. 우리는 이제 하나님의 영원한 보살핌 안에서 안전을 보장받았다.

우리가 누리는 이 든든함을 가장 잘 표현해 주는 한 예로 은행 대여금고를 들 수 있겠다. 나는 대여금고의 소유자임을 입증하기 위해 서명을 하고, 서명에 대한 감정을 받고, 알맞은 열쇠를 보여 주어야 한다. 그러면 직원도 은행 열쇠를 꺼내 그 두 열쇠를 사용하여 내 금고를 보여 줄 것이다.

그곳에서 나올 때는 내 금고도 잠그고 덧문도 잠근다. 나 역시 귀중품들이 잘 보관되어 있다는 사실을 확인하고 편안한 마음으로 나오게 된다. 나는 그것들이 늘 그 자리에 있을 것이라는 사실에 안심한다.

물론 나의 안정감은 인간의 기준과 보안에 근거한 것이다. 불행히도 인간의 보안 시설들은 한계가 있다. 은행의 보안이 아무리 철저하고 금고가 단단히 잠겨 있더라도 도난당할 가능성은 항상 있을 수 있다.

그러나 우리에게 주어진 영적 보안은 한계가 없다. 에베소서

1장 13절에는 우리가 잘 사용하지 않는 단어가 나온다. 바로 "인치심"이라는 말이다. 바울 시대의 독자들에게 이 용어는 매우 의미심장한 것이었다. 역사적으로 그 당시 로마의 인은 소유권과 보안을 의미했고 궁극적인 보증의 표시였다. 사람들은 안전과 권위를 유지하기 위해 그것에 의존했다. 예수님의 무덤도 봉인되었다(마 27:65-66 참조). 불행히도 로마제국의 인은 불멸의 것이 아니었다. 영악하고 교활한 도둑이 나의 대여 금고를 털 수 있는 것처럼, 그것도 얼마든지 깨질 수 있는 것이었다.

하지만 성령의 인은 세상의 것과 달라서 우리는, 예수 그리스도 안에서 완벽한 안전을 누릴 수 있다. 우리는 그리스도의 피로 사신 바 되었다. 하나님이 우리의 주인이시다. 우리 삶을 예수 그리스도께 맡겼다면 우리 인생도 하나님의 소유가 된 것이다. 버림받거나 쫓겨나거나 거절당할 것을 걱정할 필요가 없다. 우리는 하나님의 소유물로 영원히 인침을 받았다. 바울의 글을 읽어 보자.

> 내가 확신하노니 사망이나 생명이나 천사들이나 권세자들이나 현재 일이나 장래 일이나 능력이나 높음이나 깊음이나 다른 어떤 피조물이라도 우리를 우리 주 그리스도 예수 안에 있는 하나님의 사랑에서 끊을 수 없으리라(롬 8:38-39).

그리스도인이 되었다는 것은 우리가 중요한 사람이자 이전과 다른 새로운 종이 되었다는 의미이다. 물론 우리의 몸은 그대로이고 머리카락과 눈동자 색도 바뀌지 않았다. 외모도 바뀌지 않았고 어쩌면 기분도 변함이 없을 것이다. 하지만 분명 달라졌고 전혀 다른 사람이 되었다. 새로운 정체성이 주어졌고 "새로운 피조물"이 되었다(고후 5:17). 우리는 "그가 만드신 바라 그리스도 예수 안에서 선한 일을 위하여 지으심을 받은 자"이다(엡 2:10).

우리의 새 정체성을 효과적으로 설명하기 위해 회사의 개념을 들어 보겠다.[17] 수익 사업을 하는 한 회사가 있다고 가정해 보자. 이 회사의 유일한 목적은 주주들을 위해 돈을 벌고 꾸준한 수익을 가져다주는 것이다. 모든 고용인들은 이것을 자신의 목표로 삼고 있다. 회사는 영업 사원들이 판매량을 늘릴 수 있도록 여러 세미나를 통해 그들을 지원하고, 금융전문가들을 고용하여 각 개인과 부서가 최대의 효율성을 이끌어낼 수 있도록 여러 수치를 분석하며 사업 계획을 세운다.

그런데 어느 날 회사의 소유주가 바뀌어 새로운 리더십과 목적을 가지게 되었다. 새로운 방향은 돈을 버는 것보다 사람들을 섬기는 것이다. 이제 이 회사의 새 목표는 세상의 필요를 보고 고통당하며 궁핍한 자들을 돕기 위해 무언가를 하는 것이다. 그래서 옛날 사업 방식에서 새로운 방식으로 순조로운 전환을 도모한다. 하지만 과연 그 일이 순조로울까?

그렇지 않다. 그 동안 회사의 모든 인사, 절차, 운영 방법들이 수익을 내는 방식에 맞춰져 왔기 때문이다. 성공에 대한 옛 기준이 그들에게 깊이 배여 있어서, 회사의 모든 사람들을 재교육시켜야 하고, 그들의 태도, 신념, 행동에도 혁신이 필요하다. 심지어 컴퓨터 프로그램도 다시 만들어야 한다. 회사의 핵심이 바뀌었고, 이 변화는 회사의 모든 면에 스며들어야 한다.

우리도 마찬가지다. 우리가 그리스도인이 되기 전에는 우리 안에 깊이 배여 있는 원칙, 곧 우리의 삶을 최대한 값지게 만들어 주는 원칙들을 따라 살았다. 하나님이 아닌 우리 자신을 위해 살았고, 그것이 죄였다. 예수 그리스도를 영접했을 때 우리는 완전히 새로운 정체성을 얻었다. 그 정체성은 이전과는 전혀 다른 삶으로 나타나야 한다. 우리의 속사람이 새로워졌기에, 새 정체성이 우리의 존재 전체에 스며들게 해야 한다. 옛 습관과 생각과 행동들도 변해야 한다. 로마서 6장 11절 말씀과 같다. "이와 같이 너희도 너희 자신을 죄에 대하여는 죽은 자요 그리스도 예수 안에서 하나님께 대하여는 살아 있는 자로 여길지어다."

우리는 새 경영자로부터 새로운 지시를 받는다. 로마서 6장 6

절이 그것을 잘 묘사하고 있다. "우리의 옛 사람이 예수와 함께 십자가에 못 박힌 것은 죄의 몸이 죽어 다시는 우리가 죄에게 종노릇 하지 아니하려 함이니."

하나님의 축복 안에서 성장하라

우리가 하나님을 제대로 보고 이해할 때 어떤 일이 벌어지는지 아는가? 우선은 자기 자신을 제대로 보고 이해하게 된다. 우리는 계속해서 성장할 수 있고 변화될 수 있다. 점점 더 확고하고 건강한 정체성도 갖게 된다.

하나님에 대해, 또한 그분이 우리의 삶을 얼마나 축복하기 원하시는지 더 분명히 이해하려면 아래의 내용들을 읽으면서 어떤 느낌이 드는지 적어 보라.

하나님은 우리에 대해 오래 참으신다. 그분은 우리에게 시간과 관심을 쏟기로 선택하셨다(벧후 3:9 참조).

나의 느낌

74

하나님은 인자하시며 우리에게 은혜를 베푸시는 분이다. 우리 삶에 개입하시고 도움을 주기로 마음먹으셨다(시 103:8 참조).

나의 느낌

하나님은 모든 일을 우리에게 이로운 방향으로 이끄실 것이다. 하나님의 지지와 격려를 통해 우리는 그분을 신뢰할 수 있다(롬 8:28 참조).

나의 느낌

하나님은 당신의 자녀들을 귀하게 여기신다. 항상 우리를 지지하고 세워 주신다. 우리를 친히 만드셨고, 우리가 그리스도 안에 있기 때문에 우리는 귀한 존재이다(요 1:12 참조).

나의 느낌

하나님은 우리를 가족 안에 포함시키셨다. 우리는 하나님께 속한 자다(엡 1:4-5 참조).

나의 느낌

하나님은 우리와 친밀한 교제를 나누기 원하신다. 우리는 하나님 보시기에 매우 귀중한 사람이다(계 3:20 참조).

나의 느낌

하나님은 우리의 있는 모습 그대로를 사랑하신다. 그분의 사랑을 얻으려고 애쓸 필요가 없다(엡 2:8-9 참조).

나의 느낌

하나님은 우리의 업적과 상관없이 우리를 받아 주신다. 그분은 우리가 하는 일보다 우리가 누구인지를 보신다(시 103:8-10).

나의 느낌

하나님은 우리의 죄와 실패를 용서해 주시고 그것 때문에 비난하지 않으신다. 우리는 옳은 일을 할 수 있고, 잘못했을 땐 우리를 용서하시는 하나님께로 나아갈 수 있다(요일 1:9).

나의 느낌

하나님은 의로우시고 거룩하시며 공정하시다. 따라서 우리를 공정하게 대하실 것이다. 그리고 징계하시더라도 사랑으로, 우리의 유익을 위해 하실 것이다(히 12:5-8 참조).

나의 느낌

하나님은 믿을 만한 분이며 우리와 항상 함께하신다. 우리를 떠나지 않으시며 늘 지지해 주실 것이다(애 3:22-23 참조).

나의 느낌

과거에서 비롯된 자신 및 하나님에 대한 왜곡된 이미지들 때문에 자신이 축복받지 못한 사람이라는 생각과 싸우고 있는가? 그런 잘못된 인식들을 버리고 자신의 참 정체성과 하나님의 참된 본성을 이해하는 데 도움이 되는 활동이 있다. 위의 각 문장들을 성경 구절들과 함께 각각의 색인 카드에 적어 보라. 2-3주 동안 매일 이 카드들을 큰소리로 읽으라. 우리 마음에 하나님의 진리가 가득할 때 하나님과 자신에 대한 인식이 어떻게 바뀌는지 본다면 아마 깜짝 놀랄 것이다.

하나님에 대해 정확히 인식하라

앞에서도 말했듯이, 자신의 정체성을 규정할 때 반드시 필요한 요소 가운데 하나는 하나님에 대한 인식이다. 하나님을 바라보는 시각이 정확하지 않으면 자신에 대한 시각 또한 부정확해질 것이다. 가장 이상적인 모습은 하나님에 대한 올바른 인식을 가지고 있으면서 그분을 신뢰하는 것이다. 그러나 실제로 많은 사람들은 그들이 사랑 받고 있다는 것과 하나님이 신뢰할 만한 분이라는 사실을 받아들이기 힘들어한다. 오히려 하나님이 그들을 보호해 주지 않으셨거나 실망시키셨다고 생각하며 하나님께 화를 낸다. 이성적으로는 하나님이 좋은 선물들을 주시는 분이라는 것을 인정할지 몰라도 감정적으로는 나쁜 것들을 주시는 분으로 여긴다. 데이비드 시맨즈(David Seamands)는 이 문제를 다음과 같이 설명하고 있다.

> 우리가 사람들에게 하나님을 믿고 그분께 순종하라고 할 때는 그들이 하나님을 좋은 분으로 여기고 신뢰하고 있다는 가정 하에 말하는 것이다. 다시 말해 하나님이 그들에게 가장 유익한 것을 주신다는 믿음 안에서 자신들의 삶을 믿고 맡긴다는 전제가 깔려 있는 것이다. 하지만 사람들의 가장 깊은 마음속에는 그런 하나님에 대한 개념이 없다. 오히려 우리의 권고가 예측할 수 없고 무서운 괴물 같은 존재에게 순종하라고 요구하는 것처럼 들릴 것이다. 자신들을 불행하게 만들고 삶을 즐길 자유를 빼앗는 것이 목표인 전능한 괴물에게 말이다.[18]

우리는 성경의 하나님을 배우고 그분의 말씀에서 정보를 얻어
야 한다.

자기 정체성의 기반을 다른 신념들에 두지 말고, 결코 실수하
지 않으시는 하늘 아버지께 두라. 그분은 한결같이 우리를 사랑하
시고 용납해 주시는 분이다. 다음의 성경 말씀이 하나님에 대해, 또
우리 자신에 대해 뭐라고 말하는지 유심히 살펴보라.

- 하나님은 우리 삶의 세밀한 부분까지 관심을 두는, 사랑 많은
  아버지시다(마 6:25-34 참조).
- 그분은 절대로 우리를 포기하지 않는 아버지시다(눅 15:3-32 참
  조).
- 그분은 자격이 없는 우리를 위해 당신의 아들을 보내시고 대
  신 죽게 하신 하나님이다(롬 5:8 참조).
- 하나님은 좋을 때나 나쁠 때나 우리와 함께하신다(히 13:5 참
  조).
- 하나님은 언제나 활동적인 우주의 창조자시다(시 8편 참조).
- 하나님은 우리의 아픔과 고통, 슬픔을 치유하기 위해 죽으셨
  다(사 53:3-6 참조).
- 하나님은 사망의 권세를 이기셨다(눅 24:6-7 참조).
- 하나님은 모든 인종과 성별을 차별하지 않고 동등하게 대해

주신다(갈 3:28 참조).

- 우리는 기도를 통해 하나님께 다가갈 수 있다(요 14:13-14 참조).

- 하나님은 우리의 필요를 아신다(사 65:24 참조).

- 하나님은 영원한 관계를 맺기 위해 우리를 만드셨다(요 3:16 참
  조).

- 하나님은 우리를 귀하게 여기신다(눅 7:28 참조).

- 하나님은 우리를 정죄하지 않으신다(롬 8:1 참조).

- 하나님은 우리를 자라게 하신다(고전 3:7 참조).

- 하나님은 우리를 위로해 주신다(고후 1:3-5 참조).

- 하나님은 성령을 통해 우리를 강하게 해주신다(엡 3:16 참조).

- 하나님은 우리의 죄를 깨끗하게 해주신다(히 10:17-22 참조).

- 하나님은 우리를 위하신다(롬 8:31 참조).

- 하나님은 항상 우리를 만나 주실 수 있다(롬 8:38-39 참조).

- 그분은 소망의 하나님이시다(롬 15:13 참조).

- 하나님은 시험 가운데서 우리를 도와주신다(히 2:17-18 참조).

- 우리가 시험당할 때 피할 길을 내주신다(고전 10:13 참조).

- 하나님은 우리 안에서 일하신다(빌 2:13 참조).

- 하나님은 우리가 자유로워지기를 원하신다(갈 5:1 참조).

- 그분은 시간과 영원의 주님이시다(계 1:8 참조).[19]

한 달 동안 이 구절들을 매일 큰소리로 읽으라. 자신에 대한 인식이 어떻게 변하는지 살펴보면 깜짝 놀라게 될 것이다. 정말로 효과가 있다!

건강한 정체성은 하나님의 선물이다

우리의 정체성은 몇 가지 기초 위에 형성된다. 첫째, 우리는 모두 어딘가에 소속되려는 욕구를 가지고 있고, 누군가가 우리를 있는 그대로 원하고, 받아들이고, 보살펴 주고, 기뻐해 주기를 원한다. 그리고 하나님이 우리에게 하시는 일도 이와 같다. 우리를 원하시고, 보살펴 주시고, 받아 주시고, 기뻐하신다.

둘째, 우리는 모두 자신이 가치 있는 존재라고 느끼길 원한다. "나는 괜찮다, 나는 좋은 사람이다, 나는 소중한 사람이다"라고 확신에 차서 말할 수 있기를 바란다. 우리는 자신이 해야 할 일을 할 때, 또는 자신이 가진 기준에 부합하여 살 때 가치 있는 존재라는 느낌을 가진다. 자신 및 다른 사람들이 보기에 올바른 행동을 할 때 살아갈 가치가 있다고 느낀다. 하나님은 우리가 추구하는 가치의 주된 근원이시다. 따라서 스스로 가치 있다고 느끼기 위해 계속 노력할 필요가 없다. 하나님이 우리를 의롭다고 말씀하시기 때문이다. 전문 치료사 얀 콩고(Jan Congo)는 이렇게 말한다. "우리 각 사람은 하나님의 독창적인 작품이다! 우리는 사랑 많으신 하나님의 창의적 표현이다!"[20]

셋째, 우리는 어떤 일을 잘할 수 있고, 삶에 성공적으로 대처할 수 있으며, 자신이 유능하다고 느낄 필요가 있다. 이번에도 하나님은 우리를 유능하다고 선언하심으로써 이 필요를 채워 주신다. 빌립보서 3장 13절은 우리가 유능함을 확신시켜 주는 새로운 잣대다. "내게 능력 주시는 자 안에서 내가 모든 것을 할 수 있느니라."

여기서 핵심은 이러한 정체성이 하나님으로부터 오는 선물이라는 것이다. 그것은 노력과 성취를 통해 얻을 수 없고, 다른 사람들이 당신에 대해 하는 말이나 행동, 또는 당신에게 해주지 못하는 일에 근거한 것이 아니다.

변화를 위한 실제적인 단계

지금 우리가 할 수 있는 일은 무엇일까? 중요한 것은 자신의 정체성에 대한 올바른 신념과 확고한 기반을 갖는 것이다. 그러나 그 확고한 기반을 세울 때 건강하고 새로운 방식으로 행동하는 것 또한 중요하다. 지금 당신이 시작할 수 있는 여섯 가지 실제적인 단계들이 있다. 그것은 예전에 갖고 있었던 자신에 대한 건강하지 못한 관점들에 대응하는 방법들이다. 이것을 종이에 요약해서 적은 뒤 자주 볼 수 있는 곳에 붙여 둔다면 도움이 될 수 있을 것이다.

1. 당신이 과정 중에 있다는 사실을 인정하라.

현재 자기 삶에 대해 만족스럽지 못한 것이나 면모들이 있을지 모른다. 하지만 변함없이 자신이 하나님이 설계하신 사람이라는 것을 기억하라. 물론 정신적, 육체적인 약점들이 있고, 에너지의 한계를 경험하며, 여러 가지 필요와 시시각각 변하는 감정들이 있을 것이다. 어쩌면 영원히 자신이 원하는 사람이 될 수 없을 거라고 생각할지도 모른다. 하지만 하나님은 아직 당신의 계획을 완전히 이루지 않으셨다. 우리는 여전히 아름다운 피조물로 만들어져 가는 과정 중에 있다.

하나님은 우리 안에 무엇이 잠재되어 있는지 아신다. 그러나 또한 지금 모습 그대로를 사랑하신다. 그리고 앞으로 계속 성장하고 발전하는 우리를 사랑해 주실 것이다. 하나님이 우리를 더 많이 사랑해 주실 거라고 말하지 않았음을 주목하라. 당신이 '더 나은 모습이 될' 때 하나님이 오늘보다 더 많이 당신을 사랑하실 거라고 생각하거나 느낄지 모른다. 그러나 그렇지 않다! 하나님의 사랑은 무조건적이다. 그분은 우리의 모습 그대로를 사랑하신다! 그리고 가장 좋은 모습을 이끌어내기 위해 우리가 창조적인 과정 속에서 하나님과 협력하기를 원하신다.

다음 활동들 가운데 한 가지 혹은 두 가지 모두를 시도해 보라.

❖ 활동 A ❖

3*5 사이즈 카드 한 면에 다음과 같이 적어 보라.

"그리스도와 그분의 대속으로 인해 나는 완전히 용서받았고 하나님께 온전한 기쁨이 되었다. 나는 하나님께 완전히 받아들여졌다."

카드의 다른 면에는 로마서 5장 1절과 골로새서 1장 21-22절을 적으라.

"그러므로 우리가 믿음으로 의롭다 하심을 받았으니 우리 주 예수 그리스도로 말미암아 하나님과 화평을 누리자."-롬 5:1

"전에 악한 행실로 멀리 떠나 마음으로 원수가 되었던 너희를 이제는 그의 육체의 죽음으로 말미암아 화목하게 하사 너희를 거룩하고 흠 없고 책망할 것이 없는 자로 그 앞에 세우고자 하셨으니."-골 1:21-22

다음 4주 동안 이 카드를 가지고 다녀라. 그리고 수시로 그 카드를 보면서 그리스도가 당신을 위해 하신 일을 떠올리라(28일 동안 꾸준히 이렇게 하면 남은 평생 동안 이 진리들이 마음에 새겨질 것이다). 이 문장과 구절을 읽고 암기할 때 그것이 당신에게 어떻게 적용되는지 생각해 보라. 이 진리들을 기억하고 적

용함으로써 당신의 마음이 하나님의 말씀으로 변화되는 놀라운 결과가 나타날 것이다. [21]

❖ 활동 B ❖

3*5 카드의 한 면에는 "이제 그만"이라는 단어를 쓰라.

카드의 다른 면에는 이렇게 적으라.

"나는 예수님의 보혈만큼 가치가 있다."

그 문장 밑에는 고린도전서 6장 19-20절, 베드로전서 1장 18-19절, 요한계시록 5장 9절을 적으라.

자기 자신에 대해 부정적인 생각이 들 때마다 카드를 꺼내 눈앞에 들어 보라. "이제 그만"이라고 힘주어서 말한 다음 카드를 뒤집어 말씀을 읽으라. 이렇게 하루에 여러 번, 필요할 때마다 하라. 곧 이러한 생각들이 반사적으로 떠오를 것이다.

다음과 같은 질문들은 자신의 성장을 방해할 수 있다. "다른 사람들이 나를 어떻게 생각할까?" "내가 달라지면 다른 사람들이 나를 좋아해 줄까?" "내가 예전만큼 다른 사람들을 즐겁게 해주지 못하면 어쩌지?"

하지만 좋은 인상을 남기는 것이 우리의 의무는 아니다. 다른 사람들의 반응에 따라 자신의 행동을 판단하는 것은 스스로를 그들의 죄수로 만드는 것이다. 또한 각 사람이 가진 고유한 개성을 없애고 '이미지 관리'에만 온힘을 쏟도록 유도한다. 그렇게 되면 결국 다른 사람들이 듣고 싶어 할 것 같은 말만 하고, 그들이 원하는 모습의 사람이 되려 하며, 그들이 기대하는 일만 하게 된다. 우리는 지금 모습 그대로, 하나님이 원하시는 대로 성장해 가면 된다.

2. 자신을 비방하지 말고 긍정하라.

얀 카고는 자신을 비방하지 않는 방법에 대해 이렇게 말한다.

우리가 가지지 못한 것이 아니라 가진 것에서 출발한다면, 하나
님이 우리에게 얼마나 많은 것을 주셨는지 알고는 깜짝 놀라게
될 것이다. 펜과 종이를 꺼내 잠시 동안 자신이 가진 특성들을
적어보자.

A. 자신에 대해 마음에 드는 점을 최소한 열 가지 이상 적어 보
라. 스무 가지면 더 좋다. 틀림없이 하나님은 우리 삶 속에 특별
한 사람들을 보내 주셔서 이러한 특징들을 계발하고 그 과정에
서 우리가 성장하도록 도와주셨다. 그런 목록 옆에 그들의 이름
을 적어 보라.

B. 기도하는 시간을 가져라. 자기 자신의 마음에 드는 점 열 가
지(또는 스무 가지)에 대해서 하나님께 감사하라. 우리가 이렇게 하

는 것은 우리를 창조하신 하나님을 찬양하는 것과 같다. 그런 다음 하나님이 우리 삶 속에 보내 주신 아름답고 긍정적인 사람들에 대해 하나님께 감사하라. 마지막으로 우리를 창조하신 하나님께 감사하라.

C. 다음은 솔직하게 자기 자신에 대해 마음에 들지 않는 점들을 적어 보라. 그 목록을 다시 살펴보면서 그것이 중요한 면이라면 앞으로 바꿀 수 있는 것인지 체크 표시를 하라.

D. 체크 표시를 하지 않은 항목들은 자신이 노력해서 바꿀 수 없는 것들이다. 그렇다면 이것들에 대해 하나님께 감사하고 앞으로는 "육체의 가시"로 받아들이겠다고 말로 표현해 보라. 이

것들을 수용하는 기도를 적어 보라.

E. 수락하는 기도를 글로 적은 후, 다시는 바꿀 수 없는 부분들을 가지고 한탄하지 않겠다고 하나님과 약속하라.

하나님은 한계가 없으시지만, 우리는 그렇지 않다. 그렇다면 자신이 바꿀 수 없는 한계는 받아들이겠다고 선택하는 수밖에 없다. 당신은 또한 그것을 받아들였다. 이것은 영적 여정에서 매우 중요한 단계다. 더 이상 "…라면 어땠을까?"라는 질문으로 시간을 낭비하지 말자. 능력의 한계가 바뀔 수 없는 것이라면 받아들이고 하나님이 우리를 받아주시듯이 우리 자신을 받아들이자. [22]

3. 결과를 기록하라.

자신에 대한 부정적인 감정과 생각들을 받아들일 때, 또 부정적으로 행동할 때 어떤 일이 벌어지는지 계속 기록해 두라. 그 결과들을 살펴보며 스스로에게 물어보라. '이것이 정말 내가 내 인생을 위해 원하는 것인가? 여기에 적은 것과 정반대로 믿고 행할 수 있었을까?' 당신의 부정적인 생각, 느낌, 행동을 자꾸 생각하는 대신, 하나님이 우리에 대해 하시는 말씀과 주시는 약속들에 집중해 보라. 예를 들면 예레미야서에서 하나님은 이렇게 말씀하신다.

> 너는 내게 부르짖으라 내가 네게 응답하겠고 네가 알지 못하는 크고 은밀한 일을 네게 보이리라…너희를 향한 나의 생각을 내가 아나니 평안이요 재앙이 아니니라 너희에게 미래와 희망을 주는 것이니라(렘 33:3; 29:11).

4. 새로운 단계로 나아가라.

자신이 늘 해보고 싶었던 특별한 일들이나 가고 싶었던 장소, 과분하다고 생각했던 활동들을 적어 보라. 그런 다음 누군가에게 이런 활동들을 같이 하자고 부탁하라. 처음에는 그런 부탁이 어려울 수 있다. 자신의 분수에 맞지 않는다는 생각이 들기 때문이다. 하지만 사과하거나, 변명하거나, 자세한 이유를 설명하지 말고 그냥 한번 해보라. 그리고 난 후에 긍정적인 느낌과 반응들을 다 적어 보라. 부정적인 말은 적지 말라. 스스로에게 다른 사람이 되어 다른 일을 할 기회를 주라.

5. 그리스도 안에 있는 새 정체성의 진리에 흠뻑 빠져라.

예수 그리스도 안에서 자신이 누구인지 모두 다 이해할 수는 없다. 과거로부터 내려오는 부정적인 메시지들과 내가 누구인지, 어떤 사람이 되어야 하는지, 무엇을 해야 하는지 등 일상 속에서 들려오는 언어의 폭격에도 모두 다 대응할 수 없다. 우리의 매우 인간적이고 오래된 정체성은 기나긴 시간에 걸쳐 다져지며 강화되었기 때문이다. 그러나 충분히 달라질 수 있다. 하나님이 어떤 분인지, 우리를 위해 무슨 일을 하셨는지, 그 결과 우리가 어떤 사람이 되었는지에 대해 진리의 말씀을 흡수한다면 얼마든지 달라지기 시작할 것이다. 하나님의 진리에 흠뻑 빠짐으로써 그리스도 안에 있는 새 정체성을 발견할 것이다.

전쟁에서 집중 폭격은 어떤 지역에 포진한 적들을 전멸시킬 때 종종 사용된다. 비행기를 이용하여 집중 폭격을 하는데 사방이 전멸될 때까지 폭탄을 떨어뜨린다. 이와 마찬가지로 우리도 성령께서 복된 진리로 우리 마음과 생각을 남김없이 채우도록 해야 한다. 그 진리는 우리가 누구이며 그리스도 안에서 어떤 사람이 되어 가고 있는지에 관한 것이다.

흠뻑 빠지는 것에 관하여 또 다른 사실을 보여 주는 이야기가 있다. 몇 년 전 호숫가에서 낚시를 하고 있었는데 나의 애완견인 셀티(서틀랜드 쉽독)도 함께 있었다. 셀티는 뱃머리에 앉아 콧바람을 쐬며 배 타는 것을 즐기고 있었다. 나는 전속력으로 작은 만을 향해 갔다. 그러다 갑자기 마음이 바뀌어서 방향을 바꾸려고 배를 돌렸다. 그런데 갑작스런 방향 전환에 셀티가 균형을 잃고 그만 호수에 빠지고 말았다.

나는 배를 돌려 셀티가 헤엄치고 있는 곳으로 돌아가(그때는 나를 썩 달가워하지 않았다) 엔진을 껐다. 나는 셀티를 물에서 건졌지만 곧바로 배 안으로 들이지 않았다. 물에 완전히 젖어 있었기 때문이다. 털이나 피부가 젖지 않은 곳이 없었다. 나는 배에 닿지 않게 셀티를 안은 채 물기를 제거하려고 부드럽게 털을 짰다.

그런데 이번에 맞이한 녀석은 완전히 다르다. 우선 셀티보다 무게가 3배는 더 나간다. 그리고 물에서 노는 걸 좋아하긴 하지만 골든 레트리버 종이기 때문에 물에 흠뻑 젖지는 않는다. 털이 물을 잘 흡수하지 않기 때문이다. 물에서 나왔을 땐 젖은 것처럼 보이지만 조금만 지나면 마치 수영을 하지 않은 것처럼 보일 정도다.

우리 중에 어떤 이들은 골든 레트리버처럼 빽빽한 털을 가지고 있다. 물론 부정적인 의미에서다. 하나님의 진리가 우리의 표피층을 뚫고 들어와 우리에게 깊은 영향을 미치지 못하는 것이다. 이런 사람들은 그리스도 안에 있는 새 정체성의 축복에 흠뻑 빠지지 못한다. 그러나 성장하려면 하나님의 진리 안에 완전히 젖어들어야 한다. 어떻게 하면 그렇게 될 수 있을까? 이 책에서 거듭 말하겠지만 성경 구절이나 우리가 이야기한 생각을 색인카드에 적어서 몇 주

동안 아침저녁으로 큰소리로 읽는 것이다. 그 구절이나 생각에 대해 기도하고, 그것이 당신의 삶 속에서 어떻게 나타나는지 보여 달라고 구하라. 자신이 읽은 말씀대로 사는 모습을 상상해 보라. 하나님의 능력을 힘입어 말씀대로 살도록 힘쓰라. 그러면 분명 달라질 것이다.

6. 하나님이 나에 대해 믿는 대로 믿으라.

부정적인 생각들이 어린 시절에서 유래했든 현재 상황에서 비롯되었든 간에, 그것을 극복하는 데는 시간과 노력이 요구된다. 하지만 변화는 가능하다. 이 과정에서 취해야 할 중요한 행동은 하늘에 계신 아버지가 우리에 대해 믿는 바를 받아들이는 것이다.

존 파이퍼(John Piper)는 자신의 책 《하나님의 기쁨 *The Pleasures of God*》(두란노 역간)에서 하나님이 그를 바라는 모든 이들에게 선을 행하시기를 얼마나 갈망하시는가를 아름답게 표현하고 있다.[23] 파이퍼 박사는 "만일 하나님이 노래를 하셨다면 어땠을까?"라고 묻는다.

하나님이 노래하시는 것을 상상할 때 무슨 소리가 들리는가?
…내 귀에는 나이아가라 폭포의 웅장한 소리와 이끼 낀 계곡물이 흐르는 소리가 섞여서 들린다. 세인트 헬렌스(Saint Helens) 화산의 거대한 폭발 소리와 새끼 고양이의 가르랑거리는 소리가

함께 들린다. 대서양 연안의 강한 허리케인 소리와 겨우 들릴까 말까한 고요한 밤 숲속에 눈 내리는 소리가 들린다. 또한 지름이 1.39킬로미터나 되고 지구보다 1,300,000배나 크며 코로나 표면의 온도가 1,000,000도나 되는 불덩어리 태양이 이글거리는, 상상도 할 수 없는 그 소리가 들린다. 하지만 이 상상하기도 힘든 이글거리는 소리는 아늑한 겨울 밤 거실에서 타닥거리는 부드럽고 따뜻한 장작 타는 소리와 함께 들린다.

…하나님이 나로 인해 노래를 부르실 때 나는 너무 놀라서 아무 말도 못한 채 그 자리에 서 있다. 그 동안 여러 가지 면에서 너무나 많이 그분의 명예를 손상시킨 나였다. 너무 좋아서 믿기지가 않는다. 그분은 온 마음과 영혼으로 나의 선을 기뻐하고 계신다. 사실상 나를 도울 새로운 방법을 생각해 내실 때 노래를 부르기 시작하신다.[24]

하나님이 당신에 대해 어떻게 느끼시며 당신을 위해 무엇을 주기 원하시는지, 그것이 무엇을 의미하는지 알았는가? 하나님이 당신으로 인해 노래를 부르시는 것을 상상할 수 있는가?

파이퍼는 우리와 하나님의 관계를 결혼에 비유한다. 그는 계속해서 모든 부부들의 신혼생활이 어떻게 끝나는지에 대해 이야기한다. 현실로 들어서면 신혼의 격렬함과 애정이 점차 사그라진다.

두 사람은 달라지고, 서로의 결함들만 더 뚜렷하게 보인다. 하지만 하나님께는 그렇지 않다.

> 하나님은 당신의 백성들에 대한 기쁨이 신부를 기뻐하는 신랑의 마음과 같다고 말씀하신다. 신혼의 격렬함과 기쁨, 넘치는 에너지, 흥분, 열정, 즐거움에 대해 말씀하시는 것이다. 온 마음으로 우리를 기뻐하신다고 말씀하실 때 그 말씀의 의미를 우리 마음에 새겨 주려 하신다.
>
> …뿐만 아니라 하나님께는 신혼생활이 결코 끝나지 않는다. 그분은 능력과 지혜와 독창성과 사랑이 무한하신 분이다. 그래서 신혼의 짜릿함을 유지하는 데 아무 문제가 없으시다. 미래에 우리의 성격이 어떻게 변할지 모두 예견하실 수 있으므로 우리의 좋은 점은 지켜 주시고 그렇지 못한 점은 바꿔 주기로 마음먹으셨다. [25]

이것이 우리의 가치에 대해 한 면을 말해 주는가? 우리를 위해 가능성의 문을 활짝 열어 주는가? 그럴 수 있다!

남은 생이 우리 앞에 있다. 자신의 새 정체성을 가지고 그것을 경험하라. 그것은 우리에게 주시는 하나님의 선물이다. 마음껏 즐겨라!

Part 2

깨어진 관계를 마주할 용기

다시 사랑하는 것에 대한
두려움과 맞서라

누구에게나
고통스런 이별이 있다

"우리 그냥 친구로 지내자." 이성으로부터 이런 운명적인 말을 들어본 적이 있는가? 혹은 "이제 그만 만나는 게 좋겠어"라는 이별 통보를 받아 본 적은 없는가? 슬픔이나 실망, 외로움, 무감각, 이런 것은 관계가 깨질 때 우리가 경험하는 감정들이다.

삶에서 경험하는 가장 큰 기쁨 가운데 하나는 누군가를 사랑하는 것이다. 하지만 내가 사랑하는 그 사람이 나를 사랑하지 않거나 나와 삶을 공유하고 싶어 하지 않는다면 그것만큼 큰 실망을 안겨 주는 일도 없을 것이다. 게다가 실연의 아픔을 견뎌낸 사람들은 대부분 장차 맺게 될 관계들까지 두려워하게 마련이다. 잃어버린 사랑에 대한 정신적 외상은 삶에서 가장 고통스러운 상처이다. 그리고 다시 누군가를 사랑할 수 있을지에 대한 불안감 또한 인생의 가장 큰 두려움 가운데 하나이다.

결별의 충격은 관계의 깊이 만큼 아프다

관계가 깨졌을 때 사람들이 보이는 첫 반응은 대개 현실을 부정하는 것이다. '이건 다른 사람에게나 일어나는 일이야. 나한테 이런 일이 생기다니.' 어떤 사람들은 그 순간 마치 시간이 멈춰 버린 것 같았다고 말한다. 또 어떤 이들은 악몽을 꾸는 것 같아서 실제로 제 살을 꼬집어보았다고도 한다. 그저 잠에서 깨어 현실로 돌아오기만을 바란 것이다.

이별의 상실감이 컸다면 며칠 동안 멍하니 무감각해 있다가 모든 감정들이 갑자기 격하게 몰아칠 수도 있다. 어떤 이들은 그때 받는 충격과 감정의 격렬함이 너무 커서 친한 친구나 가족이 죽을 때와 비슷한 경험을 하기도 한다.

헤어진 후 처음 며칠 동안 사람들은 흔히 '충격 단계'라는 시간을 지난다. 차 두 대가 서로 충돌했을 때 유리창이 깨지고 차체가 찌그러지는 것처럼 우리 마음도 그런 손상을 입는 것이다. 이별 후 겪게 되는 아픔은 두 사람이 관계를 지속해 온 기간이나 깊이에 따라 다르다. 게다가 이편에서 관계를 끝내는 걸 원치 않았다면 더욱더 심할 것이다.

30대 초반의 어느 여성 내담자는 이별의 충격을 이렇게 설명했다.

> 마치 새 차를 몰고 멋진 주택가를 지나고 있는데 갑자기 다른 차가 갑자기 튀어나와 제 차를 들이받은 것 같아요. 게다가 그 사람은 차를 세우고 내려서 제 차가 얼마나 손상됐는지 살펴보지도 않은 채 그냥 저를 치고 가 버렸어요. 저 혼자서 모든 뒤처리를 해야 하는 상황이죠. 억울한 피해자가 된 것 같은 그런 기분이에요.

옛 연인과 결별한 지 얼마 되지 않았다면 아마 예전의 관계에 대한 그리움이 남아 있을 것이다. 사람에 따라서는 이 그리움이 너무 강해서 깨어 있는 매순간 강박관념처럼 그 감정에 사로잡히기도 한다. 그 관계가 회복되기 전까지는 모든 것이 의미를 잃는 것이다. 하지만 관계가 예전과 똑같이 회복되는 경우는 매우 드물다.

결별 후 나타나는 정상적인 반응들

헤어진 후 처음 일주일은 대개 다음과 같은 일들이 벌어질 것이다.

- 어떤 일에 집중하기가 매우 어렵다. 마음이 계속 그 관계를 생각하고 있고 과거의 사건들이 수시로 떠오른다.
- 휴대폰이나 컴퓨터 옆에 딱 붙어서 상대방의 전화나 문자메시지, 또는 이메일을 기다리고 있다.
- 슬픈 노래를 들으며 그 가사들이 자신의 이야기라고 생각할 것이다.
- 그 사람을 돌아오게 할 계획을 세우거나, 그 관계를 끝내는 것이 자신에게 최선인 이유를 골똘히 생각한다.
- 무엇이 잘못되었는지, 자신이 말이나 행동을 어떻게 다르게 했어야 했는지, 사건과 대화들을 계속 시연해 본다.
- 좋았던 순간들을 추억하며 옛 연인이 해주었던 긍정적인 말들이 정말이었을까 생각한다.
- 다르게 행동할 수 있었던 일을 집중적으로 생각한다. 이를테면 좀 더 멋을 부렸다면, 그 사람을 돌이키기 위해 좀 더 세심하게 행동했더라면 하는 생각들이다.
- 긍정적인 경험들에만 집중하고 나빴던 순간들은 머릿속에서

지워 버릴지도 모른다.

- 확실히 이런 파탄을 피하기 위해 당신이 할 수 있는 일이 있었을 거라고 생각한다. 그것이 타당하든 아니든 간에, 죄책감이 항상 뒤따른다.
- 옛 연인에게 똑같이 갚아 주거나 자신과 똑같은 고통을 느끼게 할 방법들을 궁리할지도 모른다.

슬픔 속에서는 마음뿐 아니라 우리의 꿈도 산산조각난다. 삶이 갑자기 멈춰 버린 것 같고 그 자리에 앉아 부서진 마음의 조각들을 줍고 있는 처량한 자신의 모습만 보인다. 시간은 당신을 버려둔 채 야속하게 앞으로 계속 나아가는데 정작 당신은 따라갈 수 없을 것 같은 느낌이 든다. 고통스러운 가사상태에 있는 것 같다. 어떤 젊은 남성 내담자 한 명은 내게 이런 말을 했다.

그녀에 대한 생각을 그만할 수 있으면 좋겠어요. 우린 3년 동안 함께해 왔어요. 전 당연히 우리가 결혼할 거라고 생각했지요. 그런데 제게 돌아온 건 실연이었어요. 이렇게 기분이 처참해질 줄 몰랐어요. 마치 이혼을 당한 것 같아요. 하지만 적어도 이혼하는 사람들은 그들을 도와줄 회복 모임들이라도 있잖아요. 저에겐 아무것도 없어요. 아침에 잠을 깨면 그녀가 있어요. 저의 생각 속에 그녀가 앉아서 온종일 떠나질 않아요. 기억을 지우는 알약이라도 있으면 좋겠어요.

안타깝지만 그런 약은 없다. 당신은 상처와 실수뿐 아니라 좋았던 시간들을 기억해 보지만 각각의 기억들은 고통만 더할 뿐이다.

어느 누구도 자신을 진정으로 이해하지 못한다는 생각이 들 때 고통은 더욱더 심해진다. 어쩌면 이 상실로 인해 느끼는 슬픔이 죽음의 상실만큼이나 강렬할 수 있다. 하지만 실연을 당한 사람들은 누군가가 죽었을 때처럼 주변의 도움을 받지 못한다. 어느 누구도 당신에게 카드를 보내 주거나 먹을 것을 갖다 주지 않는다. 오히려 당신을 이해하지 못하는 사람들이 무심코 던지는 말들로 상처를 입기도 한다. 어떤 이들은 "내가 그럴 거라고 했잖아"라든지 "문제가 생기고 있는 걸 알아챘어야지"라며 나무라기까지 한다. "네 삶을 찾아"라든가 "세상 천지에 그 사람보다 더 나은 사람은 얼마든지 있어"라는 말로 부담을 주는 사람들도 있다. 이런 말들은 상처만 안겨 줄 뿐, 전혀 도움이 되지 않는 조언들이다.

지금 우울함이 삶의 한 자리를 꿰차고 있다면 이 증상이 한동안 당신을 따라다닐 것을 예상해야 한다. 깊은 잠을 잘 수 없고 입맛도 떨어지고, 매사에 의욕이 없고, 무기력하고, 괜스레 눈물이 나고, 화가 나고, 인생을 부정적으로 바라보게 될 수 있다. 이러한 것들은 모두 상실로 인한 정상적인 반응들이다.

사랑하는 누군가와 헤어진 이유가 죽음 때문이든, 이혼 또는 이별 때문이든 상관없이, 때로는 그 모든 고통과 충격을 하나의 커다란 '슬픔 덩어리'로 여기는 것이 도움이 된다. 왜냐하면 우선은 자신이 겪고 있는 일에 이름표를 붙여 주기 때문이고, 또 하나는 자신이 느끼는 기분을 정상으로 보게 해주기 때문이다. 이 뒤죽박죽인 감정들을 경험하는 것은 잘못이 아니라 지극히 정상적인 것이다. 당신이 겪는 일은 다른 사람들이 비슷한 상황에 처할 때 경험하는 일들과 다르지 않다.

이별 때문에 큰 상처를 받은 이들 중 일부는 여전히 전 배우자나 약혼자, 또는 연인에게 깊은 애착을 가지고 있어서 그들과의 관계가 회복되기를 바란다. 그들은 절망에 빠져 통제 불능 상태가 되고, 무슨 수를 써서라도 상대를 계속 붙잡아두려 한다. 그렇지만 그들은 사랑하는 이의 결정을 어떻게 할 수가 없다. 어떤 상황에서든 통제할 수 없다는 것은 무서운 일이지만, 깨진 관계를 통제할 수 없다는 것은 더 끔찍한 일이다. 사랑하는 사람이 떠나는 것을 그냥 바라보고 있으면 공허감과 무력감이 밀려온다. 마치 자신이 감정적으로 마구 흐트러지는 것 같다.

이별은 왜 그렇게 아플까?

깨진 관계들이 왜 그렇게 우리를 힘들게 하는 걸까? 우리는 친밀한 사랑의 관계 속에서 행복을 느끼게 되는데 그 이유 가운데 하나는 누군가에게 사랑받고 있다는 느낌 때문이다. 부모와 자녀의 관계를 생각해 보면 그것은 대개 상호적인 사랑의 관계이다. 부모 중 한 사람이 늙어서 죽게 되면 자녀들은 그 부모가 자신을 더 이상 좋아하지 않아서 죽는 것이 아님을 안다. 그냥 나이가 들고 노쇠해서 죽는 것이기에 그 사실을 어쨌든 받아들인다. 마찬가지로 애완동물이 죽었을 때도 그 녀석이 주인이 싫어서 죽은 것이 아니라는 걸 안다.

그러나 관계가 깨진 경우는 다르다. 한때는 자신을 위해 존재했던 사람의 사랑과 보살핌이 말라 버리고, 흔적도 없이 사라져 버린 것이다. 하지만 상대방은 여전히 이 땅에 존재하고 있다. 가끔씩 서로 마주치기라도 하면 종종 과거의 기억이 떠올라 이별을 받아들이기가 한층 더 힘들어지게 된다.

상실은 또 다른 상실로 이어진다

관계의 상실을 겪을 때 처음 경험하게 되는 것은 상대방의 부재다. 그러나 모든 상실은 또한 이차적인 상실들을 수반한다. 소속된 느낌, 감정적, 실제적 지원 등이 그것이다. 이런 것들을 하나하나 찾아내서 그것에 대해 충분히 슬퍼한 후 어떻게든 떠나보내야 한다. 우리가 겪게 되는 여러 가지 상실들을 생각해 보자.

- 커플 관계(둘이서 함께하던 활동들이 사라져 버렸다).
- 함께했던 모든 의식들. 예를 들면 매일 문자메시지 보내기, 전화 통화, 또는 주말 저녁 데이트 등(이 모든 둘만의 시간이 없어졌다. 이 때문에 공허감을 느끼게 된다).
- 두 사람 사이의 편안함과 친밀함.
- 상대방의 눈빛에 나타난 온기와 애정.
- 상대방이 내 삶의 일부가 된 것 같은 느낌.
- 미래에 대한 소망과 꿈.
- 친하게 지냈던 상대방의 가족들.
- 늘 받는 데 익숙했던 선물이나 긍정의 말들.
- 정기적으로 받았던 감정적, 실제적 지원.

종종 연애를 시작하면 싱글인 친구들과 멀어지는 경우가 있다. 의도했던 바는 아니더라도, 새로운 관계에 더 많은 시간과 에너지를 투자하다 보니 그냥 그렇게 된 것이다. 그것에 대해서는 많이 생각해 보지 않았을 것이다. 왜냐하면 새로운 사랑의 기쁨을 경험하는 동안 서서히 일어난 일이기 때문이다. 또한 상대방의 세계에 들어가 새로운 친구들을 사귈 기회가 있었기 때문에 이전 친구들의 부재도 느끼지 못하게 된다. 자신의 세계가 점점 더 커플의 세계가 된 것이다.

하지만 관계가 끝날 때는 커다란 이차적 관계의 상실을 느끼기 쉽다. 새로 사귄 친구들은 오래 가지 않을 것이고, 당신에겐 공허감만 남는다. 그중 어떤 이들과는 갈등을 느낄지도 모른다. 정말로 그들과 잘 지냈을지도 모르지만, 그들이 애초에 친했던 건 당신의 옛 연인이기 때문이다. 게다가 싱글 때 지내던 이전 친구들은 벌써 당신을 잊었을지도 모른다.

때로는 이별의 여파로 시야가 흐려져서 여러 가지 다른 상실들을 인식하기 어려울 것이다. 하지만 이러한 상실들에 대해서도 각각 슬퍼할 필요가 있기에, 그것들을 찾아내는 것은 매우 중요한 일이다.

고통의 시간[1]

"얼마나 걸릴까요?" "이 고통이 언제까지 지속될까요?" "제가 완전히 회복되려면 얼마 정도 시간이 필요할까요?" "언제쯤이면 생각과 감정과 기억들이 다 정리되어 제 인생을 살아갈 수 있을까요?"

내가 자주 듣는 질문들이다. 내가 상담하는 많은 사람들이 관계의 상실로 슬픔을 겪고 있기 때문이다.

내가 정확한 답을 줄 수 있을지 모르겠다. 추정 시간은 사람에 따라 다르기 때문이다. 그러나 통상적으로 소위 '자연적인' 죽음으로 사랑하는 사람을 잃었을 때 회복에 필요한 시간은 평균 2년 정도이다. '사고나 어떤 원인에 의한' 죽음일 경우 상황에 따라 다르긴 하지만 3년 정도가 걸린다.

상처받은 마음의 회복에 대한 책 《놓아 주기 *Letting Go*》를 저술한 관계 전문가들은 잊기 힘든 기억들이 진정되고 정상적인 기능을 되찾는 데 필요한 시간이 보통 그 관계가 지속된 기간의 절반 정도라는 결론을 내렸다. 이 결론은 이별 후에 자존감의 상실, 우울증, 무력감에 시달리는 사람들과의 인터뷰를 근거로 내린 것이다. 그들이 발견한 것은 4년 간 지속된 관계라면 상실로부터 회복되는 데는 2년이 걸리고, 12년 관계의 상실에서 회복되는 데는 6년이 걸린다는 것이다. 하지만 그 저자들은 또한 회복 기간이 개인과 관계의 깊이에 따라 달라진다고 말한다. [2]

또 다른 저자들은 헤어진 이들의 감정 상태를 "사랑의 쇼크(love shock)"라고 묘사한다. 이것은 무감각, 방향감각 상실, 공허감, 불안감이 혼재된 상태이다. 이것은 위기에 처했을 때의 반응이나 어떤 종류의 상실을 슬퍼하는 것과 비슷하다. 그들은 대부분의 사람들이

"사랑의 쇼크"에서 벗어나는 데 1년 정도가 걸리지만, 더 오래 걸리는 경우도 드물지 않다고 말한다.[3]

우리가 경험적으로 알고 있는 규칙이 있다. 위기에 대처하는 법을 배우고 슬픔에 대해 아는 것이 많을수록 더 빨리 회복된다는 것이다. 슬픔에 대해 배우고 자신이 경험하고 있는 것이 정상이라는 것을 깨달으면 불안감이 해소될 수 있다. 또한 명심할 것은 이 경험을 혼자서 이겨내려고 하지 말라는 것이다. 누군가와 함께 회복의 길을 걷는다면 더 잘 회복될 수 있다.

슬픔은 억지로 밀어내서는 안 된다. 앞으로 빨리 감기 버튼도 없다. 상실의 슬픔은 단계적으로 회복될 것이며, 불안한 기간 사이사이에 평온한 기간도 있을 것이다. 자신의 삶을 안정시키려면 더 이상 과거의 삶으로 돌아갈 수 없다는 것과 앞으로 필연적인 삶의 변화를 겪게 되리라는 사실을 받아들여야 한다. 또한 자신의 느낌과 상관없이 충만한 삶이 앞에 놓여 있으며, 그것은 목적과 의미가 가득한 삶이라는 것도 깨달아야 한다.

친구들과 가족들도 이별을 겪는다

상실로부터의 회복은 힘든 싸움이 될 수 있다. 어쩌면 원하는 지원을 받지 못할 수도 있다. 회복되는 데 시간이 필요하고 심지어 몇 달이 걸릴 수도 있음을 이해하더라도, 주변의 사람들은 대부분 참을성 있게 당신을 기다려주지 않을 것이다. 오히려 당신을 일상으로 복귀시키려고 많은 질문과 조언들을 쏟아낼 것이다.

나는 6년 동안 사귀다가 헤어진 한 커플을 알고 있다. 그들은 두 사람 다 이별하는 편이 낫다고 선택했기에 헤어지는 아픔도 그다지 크지 않았다. 하지만 상대방의 가족과 친구들에게는 또 다른 얘기였다. 주변 사람들은 모두 다 큰 충격에 빠진 채 망연자실했다. 마치 삶이 멈춘 것처럼, 그 커플이 헤어진 것에 대해 엄청난 슬픔을 겪어야 했다. 한 여성 내담자는 자신의 친구들과 가족들에 대해 이렇게 말했다.

제가 마치 주변의 사람들로부터 인생의 파문을 당한 기분이 들었어요. 옛 남자친구와 사귄 지 4년이 지났을 때 우리는 목적지 없이 헤매고 있었어요. 짐(Jim)은 매우 착하고 호감이 가는 사람이었지만, 우리가 결혼하면 제가 주도하고 그는 따라올 것만 같았어요. 저는 남편의 엄마가 되고 싶진 않았어요. 그래서 결국 헤어진 것이지요. 하지만 친구들의 반응은 달랐어요! 마치 제가 나병에라도 걸린 것 같았다니까요. 짐은 저의 회사 상사와 가까운 사이였는데, 제가 계속 일을 할 수 있을지조차 의문이었어요!

　일부 친한 친구들이 당신의 이야기를 들어 주고 슬픔의 여정을 잘 지나도록 도와주길 바라지만, 어쩌면 선의의 친구들이 나쁜 충고를 할 수도 있다. 불행히도 사람들은 충고하는 걸 좋아한다. 심지어 자신이 무슨 얘기를 하는지 잘 모르면서도 그렇다. 사람들은 항상 정말로 도움을 주기 원하고, 또 그것을 통해 자신의 가치를 느끼기 원한다. 그러나 대부분의 사람들은 당신에게 좋은 충고를 해 주지 못할 것이다. 답을 모르기 때문이다.

　친구들에게 무언가를 물어볼 때는 신중해야 한다. 그들에게 '우리 커플이 왜 헤어진 것 같아?'라고 질문하는 것은 아무런 도움이 되지 않는다. 그들이 어떻게 알겠는가? 그들은 두 사람 사이에 있었던 모든 일들을 알지 못할 뿐 아니라 두 사람과 관련된 역학관계들을 잘 이해하지 못한다. 그들에게 당신이 뭘 해야 하는지, 또는 어떻게 그 사람을 돌아오게 할 수 있는지 물어보지 말라. 반드시 명심할 것은 친구는 친구일 뿐 전문가가 아니라는 것이다.

　종종 이별이 친구들과 가족에게 큰 충격으로 다가오는 이유는 이렇다. 커플이 함께 있는 동안 그들은 자주 자신들의 관계를 장밋빛 그림으로 나타내려고 최선을 다한다. 따라서 가족과 친구들은 그들이 생각했던 평화로운 관계가 갑자기 연기 속으로 사라지는 것을 보면서 당연히 큰 충격을 받는다.

관계에도 변화가 일어날 것이다. 어떤 친구들은 옛 연인을 지지할 것이고, 다른 친구들은 당신을 지지할 것이다. 이때는 결별을 주도한 사람이 더 유리하다. 지지 네트워크를 발전시킬 기회가 더 많기 때문이다. 하지만 결별을 받아들이는 쪽 또한 지지 네트워크를 발전시킬 필요가 있다. 주도자는 대개 자신이 할 일을 미리 계획해 두었기 때문에 충격 반응이 훨씬 덜하다. 연인 관계 외에 좋은 친구들을 가까이 두는 것이 항상 중요한 이유도 이 때문이다.[4]

다시 사랑하는 것에 대한 두려움

어떤 사람들은 이별을 정면으로 맞닥뜨리고 그로부터 배우며 두려움을 무시한 채 다시 새로운 사람을 신뢰하고 사랑하게 된다. 하지만 어떤 이들은 감정적인 상처들을 그대로 안고 살아가고 있다. 새로운 누군가와 사귀는 것을 기피하거나 매우 까다롭게 고름으로써 자신의 두려움에 굴복하는 것이다.

32세 낸시(Nancy)는 자신이 느낀 바를 이렇게 설명했다.

짐(Jim)과 2년 동안 사귀다 헤어졌어요. 전 우리가 정말로 잘되고 있다고 생각했어요. 미래에 대해서도 의논하고, 결혼 얘기도 오갔으니까요. 그렇게 우리는 명백한 커플이었는데, 어느 날 돌연 저는 혼자가 되었어요. 지금은 그리운 것이 무척 많아요. 그와 함께했던 시간들이 생각나요. 그는 함께 있는 것만으로도 즐거운 사람이었어요. 우린 꽤 규칙적으로 얼굴을 보고 여러 가지 일들을 함께했어요. 정말 즐거운 나날이었죠. 그래서 아주 잘 어울린다고 생각했는데.

… 우리는 항상 모두에게 커플로 각인되어 있었어요. 이 일로 충격 받고 속상해하는 건 저 뿐만이 아니에요. 제 친구들은 우리를 커플이라고 했다가 다시 정정하곤 해요. 우리 모두에게 정말 당혹스러운 일이죠. 저는 많은 것들과 싸우고 있고, 심지어 제가 정말 누구인지 알려고 애쓰고 있어요.

… 이 이별의 아픔을 극복함으로써 제 고통이 끝났다면 그나마 수월했을 거예요. 하지만 저는 그런 일을 두 번 더 겪었어요. 모두 다 극복했다고 생각했는데 아픔은 또다시 찾아왔어요. 그래서 지금은 세 번째 패배자가 되었답니다. 제가 사람을 잘못 고르는 재주를 타고난 건지, 아니면 제대로 골랐는데 그들이 제가 못 보는 저의 결점들을 보는 건지 모르겠어요. 이전의 경험들 때문에 이번 관계에서 제가 너무 신중했던 걸까요? 모르겠어요. 그냥 이런 일이 다시 일어나지만 않았으면 좋겠어요.

지난 몇 년 동안 여러 번의 이별을 경험했다면 이런 일이 다시 일어날 수 있다는 두려움도 더 강하게 들 것이다. 친밀했던 관계가 끝나면 한편으론 다시 새로운 관계를 시작해 보고 싶은 마음이 든다. 그러나 낸시처럼 이런 생각이 들 수도 있다. '생각도 말자. 절대 안 돼! 그런 위험을 감당할 만한 가치가 있을까?'

다시 시작하고 싶지만 과거의 일이 반복되고 새로운 관계도 결국 똑같이 끝나게 될까봐 두려운 것이다. 또는 이전의 관계에서 비롯된 상실과 고통을 떨쳐 버리지 못할까봐 두렵고 다시 누군가에게 다가가 사랑할 수 있을지 확신이 서지 않는 것이다.

지난 일이 되풀이되는 것에 대한 두려움은 새로운 관계를 세워가는 정상적인 과정을 마비시킨다. 이 두려움은 새로운 상대에게 마음을 열고 에너지와 사랑을 주는 데 주저하게 만든다. 새로운 관계의 진전을 두려워하는 많은 사람들은 또한 사랑할 대상 없이 뒤에 처지는 것도 두려워한다. 그들은 다시 사랑하는 것에 대한 두려움과 다시 사랑받지 못할 거라는 두려움 사이에 껴서 꼼짝 못하고 있는 것 같다.

그 외의 여러 감정들이 다시 사랑하는 것에 대한 두려움을 부추긴다. 그중 하나가 죄책감이다. 그것은 자기 자신과 자신의 이상, 주님, 혹은 다른 사람을 실망시켰다는 생각에서 비롯된다. 때로는 '그 사람 때문에 이 모든 세월을 허비했다'는 생각도 든다. 이 죄책감은 실연을 당한 경우에도 나타날 수 있다. 해결되지 못한 죄책감은 자존감을 손상시키고, 낮은 자존감은 더 큰 두려움을 낳는다. 만약 깨진 관계에 대해 죄책감을 느낀다면 그 감정이 현실에 근거한 것인지(이를테면 약속을 어기거나 상대방에 대해 무책임하게 행동한 것 같은), 아니면 상상에 근거한 것인지(실제로 당신 책임이 아닌 일에 대해 책임을 떠맡는 것)를 확인하는 것이 중요하다.[5]

만일 거절당한 경험이 많은 사람들이라면 또 거절당할 것에 대한 두려움 때문에 일부러 거절당할 만한 행동을 자처할 수도 있다. 그래서 사람들이 자신에게 반감을 품고 적이 되게끔 행동하는 것이다. 자신을 깎아내리고, 비하하고, 짓밟으며, 좀처럼 자신에게 유리한 해석을 하지 않는다. 이들은 자신을 좋아하지 않기 때문에 다른 사람들에게 자신을 부정적으로 나타낸다.

그렇다면 우리는 거절당할 때 어떻게 해야 할까? 그것이 자신에 대해 어떤 의미가 있을까? 장차 거절당할 것에 대한 두려움은 어떻게 해야 할까? 감사한 것은 희망이 있다는 것이다. 거절에 대한 두려움은 얼마든지 줄어들거나 사라질 수 있다. 무엇보다 우리가 예수 그리스도께 소망을 둔다면 충분히 그럴 수 있다. 우리는 예수 그리스도 안에 있는 은혜를 경험함으로써 관계 속에서 거절당한 경험과 장차 거절당할 것에 대한 두려움을 둘 다 극복할 수 있다. 57쪽에 나오는 은혜의 글을 일주일 동안 큰소리로 읽으며 자신의 고백으로 승화시켜 보라. 새롭고 참된 자기 정체성을 가지게 될 것이다.

분노의 문제를 다루라

분노의 감정들은 항상 우리와 함께 있어 왔다. 성경에도 자신의 분노를 표현했던 다양한 경우들을 종종 보게 된다. 특히 시편과 선지자들의 책에는 분노의 표현이 자주 등장한다. 욥은 하나님을 향해 자신의 분노를 표현했고 요나와 엘리야도 그랬다. 예레미야는 이렇게 부르짖었다.

> 여호와여 주께서 나를 권유하시므로 내가 그 권유를 받았사오며 주께서 나보다 강하사 이기셨으므로 내가 조롱거리가 되니 사람마다 종일토록 나를 조롱하나이다 내가 말할 때마다 외치며 파멸과 멸망을 선포하므로 여호와의 말씀으로 말미암아 내가 종일토록 치욕과 모욕거리가 됨이니이다(렘 20:7-8).

분노는 항의의 표시다. 일어나지 말았어야 하는 일에 대한 반발이다.[6] 그리고 자신이 무력하게 느껴질 때 반격을 하는 하나의 방법이다. 또한 소중하게 여기던 것, 이 경우엔 친밀하고 의미 있는 관계를 부당하게 박탈당한 것에 대한 정상적인 반응이기도 하다.

우리는 누구에게 가장 많이 화를 낼까? 하나님이다. 우리는 하나님이 이러지 말아야 하셨다, 또는 그 일을 허락하지 말아야 하셨다며 그분을 탓한다. 우리는 이 관계에 대해서도 기도했고 그분의 인도하심을 간구했다. 하나님은 마땅히 관계가 잘 이어지도록 해주셔야만 했다. 바로 우리가 원하는 방식으로 말이다!

우리가 하나님을 원망하기 시작하면 주변 사람들은 불안해진다. 그래서 그리스도인의 상투적인 말로 대응하거나 우리가 하나님께 화내는 것이 합리적이지 않다고 설득하려 한다. 그들은 자신들이 하는 말이 아무런 도움도 되지 않는다는 것을 깨닫지 못한다. 이별의 아픔을 겪은 사람들은 머리가 아닌 감정의 소리를 따르고 있다는 것을 이해하지 못하기 때문이다. 하나님께 의문을 제기한다 하더라도 실은 답을 구하고 있는 것이 아닐 경우가 많다. 좋은 소식은 우리가 하나님께 분노를 표현할 때 그 분노를 잘 분석하고 다루면 하나님의 성품과 목적을 재발견할 수 있다는 것이다.

분노는 하나님뿐만 아니라 다른 사람들에게 향할 수도 있다. 특히 헤어진 연인에게 향하는 경우가 많다. 헤어진 연인들끼리 서로 헐뜯는 것은 종종 볼 수 있는 일이다. 때로는 서로 너무 심하게 욕을 해서 대체 두 사람 사이에 무슨 일이 있었는지 궁금할 정도다. 거절당한 당신이 옛 연인에 대해 그렇게 부정적으로 말하기 시작하는 이유는 바로 상실감 때문이다. 당신은 상처를 받았고 너무 아프다. 하지만 옛 연인의 부정적인 면들에 대해 이야기하면 상실을 받아들일 만한 것으로 여길 수 있다. 자신이 떠나온 대상의 부정적인 면들에 초점을 둠으로써 그로부터 멀어지기가 훨씬 수월해지기 때문이다.

자기 안의 분노를 살펴보라 [7]

옛 연인에 대한 분노를 극복하는 첫 단계는 우선 상처를 상세히 살펴보는 일일 것이다. 마치 옛 연인에게 이야기하듯이 자신의 상처들을 나열해 보라. 어떤 사람은 이렇게 적었다.

- 너의 거짓말 때문에 화가 났어.
- 내가 교회를 옮겨야 한다는 사실 때문에 화가 나. 네가 저지른 일이니 네가 옮겨야 하는데 말이야.
- 네가 나를 배신한 것 때문에 마음이 아파. 우린 결혼에 대해 얘기해 왔지만, 그때도 넌 옆길로 새고 있었어.
- 네가 내 인생의 2년을 가져간 것이 화가 나.

이런 목록을 작성하는 일이 쉽지만은 않다. 분노를 하나씩 드러내기 시작할 때 묻혀 있던 상처와 감정들도 함께 장벽을 뚫고 올라오는 경우가 종종 있기 때문이다. 이 목록은 자기 혼자만을 위한 것이며, 하나님 외에는 아무에게도 이야기하지 말아야 한다. 다른 사람들에게 얘기해 봐야 원치 않는 충고만 듣게 될 수도 있다. 하나님께 위로와 힘을 구하라.

이 목록을 작성한 후에 방으로 들어가 의자 두 개를 서로 마주보게 놓아라. 한쪽 의자에 앉아서, 상대방이 맞은편에 앉아 당신의 말을 듣고 있다고 상상해 보라. 자신의 감정을 담은 목소리로 그 목록을 크게 읽어라. 말을 다듬으려고 애쓰지 말고 그냥 말하면 된다.

며칠 동안 그 목록을 가지고 다니면서 새로 떠오르는 것들을 추가해도 좋다. 어떤 이들은 여러 번 반복해서 이야기하는 것이 분노의 감정을 해소하는 데 도움이 되었다고 말한다. 자신이 분노하거나, 우울해하거나, 격렬한 감정을 느끼거나, 당혹스러워하거나, 혹은 불안해하는 것을 발견하더라도 놀라지 말라. 이 나눔의 시간을 마치고 나면, 몇 분 동안 기도하는 가운데 이러한 감정들을 하나님과 나누라. 당신이 지금 겪고 있는 일들을 하나님이 이해해 주시고 또한 그러한 감정들을 극복하도록 도와주실 것이다.

상실의 감정이 폭발할 수도 있다

때로 분노는 주변 사람, 특히 가족을 향해 표출된다. 이 기간 동안 당신에게 다가와 도움을 주지 않은 사람들에게 화가 날지도 모른다. 하지만 친구들이나 동료들, 가족들은 무슨 말을 해야 할지 몰라서 그냥 뒤에 조용히 남아 있었을지도 모른다. 사람들은 종종 상대방의 사생활을 존중해 주려는 마음에서 그러기도 한다. 꼬치꼬치 캐기를 원치 않기 때문이다.

반면 우리는 마음이 힘들 때 수용받기를 원한다. 사람들이 아무 일도 없는 것처럼 행동하는 걸 원치 않는다. 실제로 상황이 그렇지 않기 때문이다. 그리고 경우에 따라서는 결코 예전과 같은 삶으로 돌아갈 수 없을 수도 있다.

분노가 치밀어오를 때 속으로 억누를 수도 있다. 대부분 여성들이 그런 성향이 강하다. 남성들은 대개 분노를 밖으로 표출한다. 더러는 우리가 통제할 수 없고 무력하고 피해자라고 느끼기 때문에 화가 날 수도 있다.

대게 사람들은 상처 입은 사람들에 대해 동정심을 갖는다. 따라서 가까운 친구들에게 고통을 토로하거나 넋두리를 하는 것도 하나의 방법일 수 있다. 결국은 고통에서 벗어날 것이지만, 누군가에게 그것을 표현하는 것이 치유의 한 부분임도 분명한 사실이다.

분노를 긍정적으로 표출하라

어떻게 하면 분노를 긍정적으로 다룰 수 있을까? 분노를 인정하고, 받아들이고, 건강한 방법으로 표출하면 된다. 내 친구는 다음과 같은 시를 써서 자신의 마음을 다스렸다고 한다. 아마 공감할 수 있을 것이다.

하나님께 화가 났다

화가 났다고 말씀드렸다.
아마도 하나님이 깜짝 놀라셨을 것이다.
나는 꽤 교묘하게 위장한
적개심을 늘 품고 있었던 것 같다.

그분을 미워한다고 말씀드렸다.
내가 상처받았다고도 말씀드렸다.
하나님은 공평하지 않다고,
나를 먼지처럼 취급하셨다고 말씀드렸다.
하나님께 화가 났다고 말씀드렸지만
깜짝 놀란 건 나였다.

"나는 다 알고 있었는데"라고 하나님이 말씀하셨다.
"너는 이제야 깨달았구나."

"드디어 네 마음속이 어떠한지를
네가 인정했구나.
우리를 갈라놓았던 것은
분노가 아니라 정직하지 못한 태도였단다.

네가 나를 미워할 때도
나는 너를 계속해서 사랑한단다.
네가 그 사랑을 받아들일 수 있으려면
먼저 진실을 고백해야 한다.

네가 느끼는 그 솔직한 분노를
나에게 말할 때
분노는 너를 지배할 힘을 잃고
너는 치유 받을 수 있단다."

나는 죄송하다 말씀드렸고
하나님은 나를 용서해 주셨다.

내가 화가 났다는 사실이

결국 나를 자유롭게 해준 것이다.[8]

위기 속에서 희망을 찾다

이 장을 마치기 전에, 4년간 사귀던 남자친구와 헤어지고 2주 만에 내 사무실을 찾아온 한 내담자의 이야기를 하려 한다. 그녀의 말이다.

전 지금 제가 아니에요. 전에는 한 번도 하지 않았던 일들을 요즘 하고 있고, 그게 너무 싫어요. 제가 지금 이렇게 비이성적이라는 것을 아무도 몰랐으면 좋겠어요. 이번 주에 제가 뭘 했는지 아세요? 저도 믿기지가 않아요. 전 남자친구처럼 보이는 사람을 따라갔어요. 물론 아니었지요. 또 둘 다 아는 친구들한테 전화를 걸어서 무슨 얘길 들었는지, 전 남자친구와 무슨 얘길 나눴는지, 또는 그 사람이 누굴 사귀고 있는지 교묘하게 알아보려 했어요. 그런데 그렇게 교묘하지도 않았던 것 같아요.
어제는 차를 몰고 전 남자친구의 직장과 아파트를 찾아갔어요. 전화번호를 추적할 수 없게 공중전화로 전화를 걸었죠. 그저 그 사람의 목소리를 듣고 싶어서 그랬어요. 다 끝났다는 건 알지만, 그래도 계속 희망을 갖고 있나 봐요. 그의 물건 몇 가지를 가지고 있는데 그걸 보내 버리면 정말 마지막이 될 것만 같아요. 끝이라는 걸 알면서도 저는 계속 희망을 버리지 못하겠어요. 그동안 허비한 시간들을 생각하면 속이 쓰려요. 계속 머리가 아파서 식사를 못하다가도 또 밥을 먹으면 두통이 없어져요. …뭐가 잘못된 걸까요?

잘못된 것은 아무것도 없다. 그녀가 말한 것은 모두 보통의 사람들이 이별 후에 보이는 지극히 정상적인 반응 가운데 하나다. 관계가 끝났다는 사실을 받아들이기 싫은 것도 자연스러운 마음이다. 자신에게 중요한 사람이 떠날 때는 그 사람을 보내고 싶지 않고, 따라서 어떻게든 붙잡으려 하기 마련이다. 그래서 자신이 생각하기에 비이성적인 일들도 하게 되고, 이 때문에 자신이 미쳐가고 있다는 생각도 들게 된다. 다만 이런 절박한 행위들이 지속될 때는 문제가 될 수 있다. 앞으로 나아가도록 도와주는 것은 오히려 슬퍼하고, 작별인사를 하고, 우는 것이다. 필요하다면 계속해서 반복적으로 그래야 한다.

많은 사람들에게 이별은 위기이다. 사람들은 이별을 하고 나면 종종 삶의 균형을 잃는다. 혼란스럽고, 제대로 생각할 수 없고,

매일 울며, 극도의 감정적인 혼란에 빠지게 된다. 이럴 때 사람들이 가장 원하는 것은 안정이다. 하지만 우리가 놓치고 있는 또 다른 것이 있다. 이별의 시간을 겪고 나면 우리 삶 속에 가장 큰 변화들이 일어난다는 것이다. 그래서 이별의 아픔에서 헤어 나올 때는 이전보다 더 훌륭하고 강한 사람이 되어 있을 것이다.

상처는 반드시 아문다

우리는 어떻게 이별의 상처로부터 회복되는가? 제일 먼저 할 일은 자신에게 일어난 일을 직면하는 것이다. 실연이 달갑지 않을 뿐더러 왜 자신에게 그런 일이 일어났는지 이해가 안 될 수도 있다. 그러나 어떤 일을 받아들인다는 것은 꼭 그 일을 좋아한다는 의미만은 아니다. 자신이 고통 가운데 있다는 사실을 인정하지 않으면 그 자리에서 꼼짝하지 못할 수도 있다.

이 시간이 매우 아프고 힘들 수도 있다. 하지만 고통은 상실의 자연스러운 결과이다. 특히 꿈이 깨질 때는 더욱 그렇다. 자신의 삶이 텅 빈 것 같다면 한동안은 고통이 그 자리를 메울 수도 있다.

고통을 없애주는 즉효약은 없다

누구나 실연 후 회복을 위한 일정표들을 가지고 있을 것이다. 이 일정표가 다른 사람들의 것과 비슷하다면, 비현실적일 가능성이 크다. 아파하고 있는 사람들은 지금 당장 이 고통이 끝나기를 바란다. 바로 오늘, 이 순간에 말이다. 그러나 실제로는 즉각적인 회복이 쉽게 이루어지지 않는다. 감정적인 고통을 없애는 데 즉효인 약 같은 건 없다. 이것은 당신의 삶과 심지어 정체성의 큰 부분이 잘려 나간 큰 사건이다. 그리고 사람들이 당신을 위로하며 주려 했던 믿음과 정반대로 이것은 사소한 상처가 아니다. 오히려 매우 깊고 심각한 상처일 수 있다. 딕 이네스(Dick Innes)는 자신의 책 《상한 마음을 고치는 법 *How to Mend a Broken Heart*》에서 이렇게 말하고 있다.

자연은 고유의 시간표를 가지고 있다. 우리는 그것을 억지로 밀어붙일 수 없다. 찰과상은 3-4일이면 치유된다. 부러진 뼈가 붙는 데는 6주 정도가 걸린다. 어떤 경우라도 우리가 그 기간을 더 단축시킬 수는 없다. 하지만 우리는 상처가 덧나지 않도록 잘 소독하고 무리한 힘을 가하지 않는 등 자신이 할 수 있는 일을 해야 한다. 그리고 치유에 필요한 시간을 줌으로써 자연스럽게 치료가 진행되게 한다.

…마음의 상처가 치유될 때도 이와 똑같은 원리가 적용된다. 그 과정을 단축시킬 수는 없지만, 필요한 시간보다 더 오래 걸리는 것은 막을 수 있다. 자신을 잘 보살피고, 치유를 용이하게 하기 위해 할 수 있는 일을 하고, 치유에 필요한 시간을 주면 된다.[9]

이별의 상처가 회복되는 시간은 다음 세 가지 요소와 직접적으로 관련이 있다.

1. 둘의 관계가 얼마나 오래되었는가?
2. 두 사람이 얼마나 가까웠는가?
3. 새로운 사람을 만날 기회를 어떻게 받아들이는가?

첫 번째 요소는 명백하다. 상대방과 함께해 온 시간이 길수록 회복에 필요한 시간도 길어진다. 두 번째 요소는 어떤가? 옛 연인과 얼마나 가까웠는지를 어떻게 알 수 있을까? 관계가 오래되었다면 친밀했을 가능성도 크다. 함께 나눈 경험들이 많았던 만큼 산산조각난 꿈들도 더 많을 테니 말이다. 세 번째 요소인 미래에 관해서는, 새로운 사람을 찾지 못할 거라고 생각하거나 아무도 당신을 원하지 않을 거라고 생각한다면 더 이상 옴짝달싹 못할 것이다. 헤어진 후 한동안은 미래의 관계에 대해서 가급적 생각하지 않는 것이 좋다. 그것은 나중에, 치유의 과정 후에 생각할 일이다.

사람들은 슬픔을 극복하는 과정의 초기 단계에서 많은 혼란을 겪는다. 따라서 인내가 필요하다. 가능한 한 중요한 결정들은 몇 달 뒤로, 생각이 좀 더 명료해질 때로 미루라. 그리고 자신의 감정들을 기록하라. 기도의 내용들도 기록해 보라. 힘든 날에는 친구에게 전화를 걸어 당신을 위해 기도해 달라고 부탁하라. 무엇보다도 회복이 되고 있는 몇 달 동안은 새로운 관계를 시작하지 말라. 누구라도 입장을 바꾸어 생각해 보면 옛 연인을 그리워하며 슬퍼하는 사람과 관계를 시작하고 싶지는 않을 것이다. 그리고 술이나 마약, 또는 성관계로 고통을 잊으려 하지 말라.

이별을 극복하는 것은 여러 가지 면에서 시동이 꺼진 자동차와 비슷하다. 앞으로 나아가기 전에 한동안 앉아서 기다려야 하는 것이다. 오래 전, 자동차에 구식 기화기가 있던 때에는 증기 폐색(내연 기관에서 가솔린의 기포로 발생하는 연료 공급의 고장-역주)이 있었다. 그래서 엔진이 꺼지면 그냥 기다리는 수밖에 없었다. 대대적인 엔진 점검이나 심지어 사소한 조율도 필요치 않았다. 단지 정상으로 돌아올 때까지 식히기만 하면 됐다. 정말 그랬다. 당신도 그럴 것이다. 기다리는 동안 이것을 기억하라. 선택의 문은 닫히지 않는다. 이쪽 문이 닫히면 많은 새로운 문들이 열리기 마련이다.

추억을 정리하라

실연을 겪은 후에는 상대와 함께했던 추억들을 어서 빨리 잊고 싶을 것이다. 현재 겪고 있는 우울한 감정과 그 감정의 깊이는 대부분 추억과 관련이 있기 때문이다. 이 추억에는 여러 종류가 있다. 헨리 나우웬(Henri Nouwen)은 이렇게 말했다. "후회는 가슴을 후비는 추억이고, 죄책감은 비난의 추억이며, 감사는 즐거운 추억이다. 그리고 이 모든 감정들은 우리가 과거의 사건들을 우리의 존재 방식에 어떻게 통합시켜 왔느냐에 따라 깊이 영향을 받는다. 사실 우리는 우리의 추억을 통해 세상을 인지한다."[10] 당신의 추억들은 무엇인가?

사람들이 겪는 삶의 많은 고통들이 사실은 추억에서 비롯된다는 것을 생각해 본 적이 있는가? 그들이 상처받는 이유는 그런 기억들이 대개 묻혀 있다가 갑자기 모습을 드러내기 때문이다. 고통스러운 기억일수록 더 많이 감추고 억누르게 된다. 말하자면 그것들은 우리 마음의 가장 깊은 동굴 한 구석에 숨어 있는 것이다. 그렇게 감춰져 있기 때문에 치유되기도 쉽지 않다.

관계가 끝날 때 우리에게 남는 건 추억이다. 이런 상실을 겪을 때 일반적으로 보이는 반응은 잃어버린 상대방을 이상화하는 것이다. 객관적으로 바라보기보다 자신이 그리워하는 긍정적인 특성들만 생각한다. 명심할 것은 당신이 상대방을 이상화할수록 회복도 그만큼 더 오래 걸린다는 사실이다. 회복을 위해서 관계 대차 대조표를 작성하며 도움을 받은 사람들도 있다. 그것은 누군가와의 관계에서 긍정적인 면들과 문제점들을 정리한 목록이다. 지금 시간을 내어 관계 대차 대조표를 작성해 보면 추억을 정리하는 데 많은 도움을 받을 것이다.

대부분의 사람들은 결국 실패한 관계에 대해서는 긍정적인 면보다 문제들을 더 많이 적게 되어 있다. 관계가 끝난 것을 후회하고 있는 사람이라면 이 과정이 더욱 중요하다.

때로는 문제점들을 충분히 확인할 수 없는 관계들도 있다. 뚜렷한 갈등이나 다툼이 없었을 수도 있다. 어떤 사람들은 그저 관계를 지속시키고 싶어 하지 않는다. 함

관계 대차 대조표

긍정적인 면	문제점

께 미래를 바라보지 않는 것이다.

당신은 고통스러운 기억을 어떻게 처리하는가? 잊으려고 애쓰거나 마치 그 일이 일어나지 않았던 것처럼 행동하는 편인가? 일반적으로 과거의 아픔을 잊으려고 애쓸수록 그 기억들은 더욱 강해져서 우리의 삶을 휘두르기 마련이다. 그러면 어쩔 수 없이 그 무거운 기억들을 질질 끌며 버겁게 살아가게 된다. 기억할 것과 잊어버릴 것을 선별하여 자신의 개인 역사를 편집해 보려 하지만 여기에도 대가가 따른다. 축 늘어져서 기운 없이 살아가거나 성장하고 발전할 기회를 놓치는 것이다. 하지만 꼭 이렇게 살아야 하는 것은 아니다.

아픈 기억은 축복으로 변할 수 있다. 다만 그 첫 단계에선 반드시 잊고 싶은 기억들과 대면해야 한다. 헨리 나우웬은 이에 대해 다음과 같이 설명하고 있다. "잊힌 것은 손에 넣을 수 없고, 손에 넣을 수 없는 것은 치유될 수 없다."[11] 자신의 아픈 기억과 대면하며 스스로에게 물어보라. '이것이 왜 문제였을까? 이것이 왜 고통스러웠을까? 나는 이 경험으로부터 무엇을 배웠으며 배울 수 있을까?' 이것이 아픈 기억을 잠재우는 방법이다. 내가 아는 어떤 사람은 각각의 기억을 들추어내어 작별의 편지를 쓰고 그것을 큰소리로 읽었다. 이것 또한 고통스러운 기억들을 떠나보내는 데 도움이 될 수 있다.

감정의 빚을 갚으라

우리는 모두 이따금씩 감정의 빚을 지곤 한다. 감정을 억눌러 마음속에 꼭꼭 가둬 두거나 감정을 표현할 방법을 모른 채 살아가는 것이다. 하지만 우리가 감정을 내보이지 않으려 주변에 장벽을 쌓으면 쌓을수록 더 갑갑해질 뿐이다. 상처는 우리 인생의 일부분이며 좌절과 실망도 삶의 한 부분들이다. 우리는 불완전한 세상에 살고 있고, 따라서 때때로 상처받는 일이 생길 수밖에 없다.

감정의 빚을 지지 않으려면 자기 자신과 다른 사람들을 있는 그대로, 장점뿐 아니라 단점까지도 받아들일 수 있어야 한다. 자신의 감정을 방어만 하고 있으면 계속 스트레스를 받게 되고 현실을 바라보는 안목 또한 흐려진다. 과거의 경험들이 아무리 고통스러웠더라도, 그 고통으로부터 안전한 거리를 유지하고 싶더라도, 좋은 것이든 나쁜 것이든 받아들이고 느낄 줄 알아야 한다.

자신의 감정을 억누르는 사람들은 종종 다른 사람들로부터 자신을 떼어놓는다. 이 분리는 두려움에서 비롯되는데, 이런 사람들은 항상 두려움 속에서 살게 된다. 두려움은 그들 귀에 들리는 부드러운 콧노래와 같아서, 항상 조심하고 경계할 것을 상기시켜 준다.

이런 말들이 마음에 와 닿는다면 다음과 같이 자문해 보라. '내가 두려워하는 것은 무엇일까? 내가 신뢰할 만한 친구에게 솔직한 감정을 모두 드러낸다면 어떤 일이 벌어질까? 최악의 경우는 무엇일까? 그것이 지금 경험하고 있는 것보다 더 나쁠까?'

미래에 대한 희망을 가지고 현재의 삶을 살기 원한다면 과거에 일어난 일을 받아들여라. 그것은 바뀔 수 없다. 지금 외로움을 느끼고 있다면, 당신에게 관심이 있고 감정적으로 공감할 수 있는 사람과 솔직한 감정을 함께 나누라. 지금 슬프다면 누군가에게 이야기하라. 그렇게 함으로써 감정의 빚을 조금씩 갚아나갈 수 있을 것이다.

상심에 빠진 자녀들을 보살피라

한 가정이 이혼으로 해체되면 남은 아이들은 크나큰 상실을 경험한다. 자신을 감싸 주던 가정이 한 순간 사라졌기 때문이다. 당신에게 자녀가 있다면 이런 상실에 대해 잘 알고 있을 것이다. 다행히 예전보다는 아이들에게 미치는 이혼의 영향에 대해 많은 관심이 쏠리고 있다. 그런데 불행히도 편부모의 결별이 자녀들에게 미치는 영향에 대해서는 거의 관심을 갖지 않는다. 어떤 경우에는 편부모가 오래 만나 왔던 관계를 끝내는 것이 자녀들에게 이혼보다 더 큰 충격을 줄 수도 있다.

편부모가 만나던 사람과 이별을 했을 경우, 이에 대한 자녀들의 반응은 슬픔이나 포기, 고립, 혼란, 방향감각의 상실, 분노 등 여러 가지이다. 자녀들은 편부모인 당신이 자신들을 더 이상 사랑하지 않을까봐 걱정할 것이다. 이혼한 다른 부모가 자신들을 사랑하지 않을까봐 걱정할지도 모른다. 이럴 때는 아이들이 스스로를 중요한 사람이라고 여길 수 있도록 시간과 관심을 쏟아 주어야 한다. 편부모가 데이트를 시작할 때 자녀들은 편부모가 새 사람에게 쏟는 시간과 관심을 질투하게 될 것이다. 부모가 헤어짐으로써 무고한 희생자가 된 자녀들은 합리적이고 타당한 견해를 가지고 있다. 우리는 그들의 말을 들어 줄 필요가 있다. 데이트를 포기하라는 말이 아니다. 다만 자녀들이 얼마나 소중한 존재인지 주기적으로 확인시켜 주면서 그들을 안심시켜야 한다는 뜻이다. 또한 그 아이들에게 시간과 관심을 쏟음으로써 그 확신을 뒷받침해 주어야 한다.

편부모가 새로운 사람과 만날 때 자녀들이 옛 연인과 새 연인을 비교할 때가 있을 것이다. 충성의 대상과 힘의 균형을 바꾸려 하고, 가족의 비밀을 새로운 사람과 나누며, 어쩌면 두 사람에 대한 얘기를 다른 부모에게 할지도 모른다.

자녀들은 새로운 사람과 관계를 지속하려는 편부모의 노력을 방해하고, 이 사람과 인생을 함께하려는 꿈을 무너뜨리기 위해 어떤 행동을 취할지도 모른다.

많은 경우 자녀들은 부모 같은 사람을 잃었기 때문에 특히 더 애정에 굶주려 있을 것이다. 그래서 금세 편부모의 연인에게 애착을 가질 수도 있다. 하지만 애착이 클수록 헤어졌을 때의 상실감도 더 크다는 것을 기억해야 한다. 편부모의 입장에서는 관계가 끝난 것이 오히려 기쁠지 모르지만 어린 자녀들의 마음은 처참히 짓밟혔을 수 있다. 그 아이들이 이 상실을 슬퍼하고 극복하도록 돕지 않으면(어쩌면 생각보다 더 오래 걸릴 것이다) 그 상처가 꽤 오래 갈 것이다. 절대 자녀들을 무심하게 내버려두지 말라. 자녀들과 대화를 나누고, 그들의 얘기를 들어 주고, 깊이 생각하고, 또 인내하라. 아이들이 당신과 같은 과정을 거침으로써 충분히 슬퍼하도록 도와주라.

충분히 슬퍼하라[12]

슬퍼하는 것은 상실에 직면했을 때 계속 살아가기 위해 해야 할 일을 하는 적극적인 과정이다. 하지만 현실을 부정하며 살 때는 이것이 불쾌한 것을 억지로 밀어내는 일이 된다. 현실을 부인하면 수동적으로 고통의 강을 따라 흘러가면서도 고통이 존재한다는 사실을 인정하지 않게 된다. 우리는 종종 은혜의 물결에 떠밀려 흘러가고 있다. 슬픔은 고통을 직면하고 받아들이는 것이다. 코스에 따라, 강의 기류와 속도에 맞추어 정해진 방향으로 노를 젓는 것이다.

슬픔은 절망이 아니다. 오히려 상실을 느끼고 다루는 것이다. 절망은 일종의 허무감으로 아무리 애써도 여기서 벗어날 수 없다고 생각하는 것이다. 수동적인 체념이며 아무것도 바랄 수 없게 만드는 것이다.[13]

슬픔이 우리 삶에 끼어들 때 우리는 어둠의 골짜기로 들어선다. 슬픔에 관해서는 유쾌한 것이 아무것도 없다. 그것은 고통스럽고 힘든 일이다. 빨리 끝나지도 않는 오랜 과정이다. 하지만 치유를 위해서는 꼭 필요한 시간이다.

슬픔은 우리 삶에 많은 변화를 가져온다. 우리 인생의 다양한 시간에 각기 다른 모습으로 나타나 들락거린다. 그것은 어찌 보면 자연스럽고, 정상적이고, 또 예측 가능한 것이다. 그리고 관계가 끝날 때는 당연히 예상하고 있어야 하는 것이다. 어느 누구도 우리에게 문제가 있다고 말할 수 없다. 슬픔은 사실 이별을 경험하는 사람들이 느끼는 정상적인 반응이다. 슬퍼하지 않는 것이 오히려 비정상이다. 이것은 개인적인 경험이며 굳이 다른 사람들에 의해 받아들여지거나 입증 받을 필요가 없다.[14]

이별과 함께 오는 감정의 꾸러미들

이별을 슬퍼하는 과정에서 따라오는 감정의 꾸러미들이 있다. 이들은 서로 어울리지도 않고 통제할 수도 없을 것 같은 감정들이다. 때때로 일어나는 비통함, 공허감, 무관심, 사랑, 분노, 죄책감, 슬픔, 두려움, 자기 연민, 무력감 등이다.

회복이 되는 동안 이런 여러 감정들은 뒤죽박죽이 된 채 우리 안에서 불쑥불쑥 튀어나온다. 감정의 소용돌이가 거세지면 '내가 제정신인가, 아니면 미쳐 버린 건가?'라는 의문이 들 수도 있다. 이것 자체는 정상이며 당연한 것이다. 혼란에 빠졌다가도 금세 마음이 진정되기도 한다. 혼란은 나타났다 사라졌다를 반복하는 익숙한 친구가 될 것이다. 어쩌면 때로 감상에 젖기도 할 것이다. 특히 옛 기억들이 당신의 슬픔을 자극할 때는 해변으로 밀려왔다 쓸려가는 파도처럼 감정이 오락가락할 것이다. 옛 연인에 대한 생각에 잠겼다가 또 그 사람에 대한 모든 생각을 차단했다가 할 것이다.

슬픔이 주는 신체적, 사회적 영향들

슬픔은 온 몸으로 느끼며 겪는 것이다. 우리의 육체적 건강은 감정과 생각, 태도 등을 모두 반영한다. 우리가 슬퍼하게 되면 건강에도 영향을 끼쳐 신체적인 증상들이 나타난다. 이처럼 이별을 겪은 사람들은 육체적으로도 슬픔을 경험한다. 없던 편두통이 왜 생겼는지, 또는 왜 소화가 안 되는지 궁금하거든 슬픔에게 물어보라. 이런 육체적인 증상들은 또한 사회적으로 다른 사람들과 상호작용을 할 때도 영향을 미친다.

전반적인 슬픔의 효과들을 가장 잘 묘사한 책이 있다면 바로 조앤 요세파우스키(Joanne Jozefowski)의 《불사조 현상 *The Phoenix Phenomenon*》이 아닐까 싶다. 그는 사별 치료를 전문으로 하는 심리 치료사다.

미칠 것 같은 감정들은 사실 슬픔에 대한 건전한 반응이다. 다음 예들은 모두 정상적인 슬픔의 증상들이다.

- 왜곡된 생각의 패턴들, "비정상적인" 그리고/또는 비이성적인 생각, 무시무시한 생각
- 절망과 낙담
- 통제가 안 되거나 무감각해진 감정들
- 기억력이 떨어지고 정신적인 '누전 현상'이 일어남
- 감각 인식(시각, 미각, 후각 등)의 변화
- 집중력이 떨어짐
- 사랑하는 이에 대한 강박적 집착
- 시간이 가는 걸 모름
- 식욕이나 성욕의 증가 혹은 감소
- 잠이 안 오거나 숙면하기가 어려움
- 비탄에 잠긴 사람에게 고인이 찾아오는 것 같은 꿈
- 죽음의 주제들이 반복되는 악몽

- 독감, 두통, 또는 그 외 고질적인 신체 증상
- 인생, 세상, 심지어 하나님에 대한 믿음이 무너짐[15]

나는 여기에 두 가지 특징을 더 추가하고 싶다.

- 짜증이 는다.
- 말을 많이 하거나 아예 안 하려고 한다.

변화가 필요하다

이별의 아픔을 겪은 사람들이 반드시 슬퍼하는 과정을 통과해야 하는 이유는 무엇일까? 그 목적과 관련하여 다음의 사실들을 알 수 있다.

- 슬픔을 통해 자신의 상실감을 표현한다.
- 슬픔을 통해 상실의 결과들에 대한 자신의 감정을 표현한다.
- 슬픔을 통해 과거의 일을 돌이키고 싶은 마음과 상실에 대한 분노를 표현한다.

우리가 슬퍼하는 시간을 가지는 목적은 무엇보다도 앞으로의 삶을 계속 살아가기 위함이다. 우리가 충분히 슬퍼하게 되면 앞으로 삶을 이어가는 데 꼭 필요한 변화를 도모하게 되어 건전한 방법으로 상실을 받아들일 수 있게 된다. '왜 나에게 이런 일이 일어났을까?'에서 시작해서 '어떻게 하면 이 경험을 통해 배울 수 있을까?'라는 질문으로 나아가는 것이다. '왜'가 '어떻게'로 바뀔 때 당신은 현실을 받아들이기 시작한 것이다. '왜'라는 질문은 상실 속에서 의미와 목적을 찾는 것을 나타내며 '어떻게'라는 질문은 상실에 적응하는 길을 찾는 것을 뜻한다.[16]

과거는 과거로 끝내라

슬픔의 과정에서 가장 중요한 단계 중 하나는 옛 연인을 놓아주는 것이다. 관계 속에서 상대방을 놓아 준다는 것이 무슨 의미인지 여기에 몇 가지 구체적인 설명들이 있다.

1. 이것은 과거에 연연하는 것을 그만두기로 확실히 결단하는 것이다. 이전의 기억들과 대면하여 고통을 느끼고 작별인사를 하고 놓아 주었다면 이제는 앞으로 나아갈 때다.
2. 이것은 책임지고 놓아 주기로 결단하고 그것이 옳은 일임을 아는 것이다.
3. 당신 자신에게 관계를 끝내기로 굳게 약속하는 것이다.
4. 옛 연인에게 관계가 끝났다는 것을 행동으로 확실하게 보여주는 것이다.

5. 그 과정이 아무리 고통스럽더라도 이 결정을 굳게 지키는 것이다.

이때 주의해야 할 것은 최대한 옛 연인에게서 멀리 떨어져 있는 것이다. 행여나 옛 연인이 다시 돌아올 수도 있다는 생각은 버려야 한다. 나는 상대방에게 제발 돌아와 달라고 애원하는 경우를 종종 보았다. 하지만 해피엔딩으로 끝나는 경우는 거의 없었다. 이때는 이성이 감정보다 앞서야 한다. 생각해 보라. 다시 만나자고 조르고 애원해야 하는 사람과 정말로 함께 있고 싶은가? 주변 사람들에게 "전 정말 운이 좋은 거 같아요. 그 사람에게 매달렸더니 나를 다시 받아 주지 뭐예요?"라고 말하면서 살고 싶지는 않을 것이다.

사회생활을 하면서 상대방을 우연히 만나더라도 절대 움츠려들거나 숨거나 피해서는 안 된다. 기분 좋게, 긍정적으로, 짧게 인사하라. 만약 상대방이 이야기를 나누고 싶다거나 해명을 하고 싶다고 하더라도 당당하게 거절하고, 다른 사람과 이야기를 나누거나 그 자리를 떠나라. 당신에겐 자신만의 공간과 홀로 있는 시간, 그리고 자존감이 필요하다.

과거를 잊는 것과 관련하여, 세 가지 선택이 놓여 있다. (1) 과거의 일을 자꾸 되새긴다. (2) 두려움에 빠진다. (3) 앞으로 나아간다.

과거로 돌아가 사는 것은 물리적으로는 불가능해 보이지만,

내가 아는 많은 사람들이 현재보다 과거 속에서 사는 것을 선택했다. 그들은 절대 과거를 놓아 주지 않으며, 따라서 앞으로 나아가지도 못한다. 또 어떤 이들은 자신의 고통을 다루고 해결하지만, 미래의 누군가에게 헌신한다는 것이 두려워 지금 있는 자리에 머문 채 앞으로 나아가지 않는다.

가장 건강한 선택은 앞으로 나아가는 것이다. 만약 과거를 떠나보냈다면 앞으로 나아갈 수 있다. 위험을 감수하고 지혜롭게 다시 사랑하라. 딕 이네스(Dick Innes)는 인생은 반드시 과거를 돌아봄으로써 이해할 수 있지만 아울러 앞을 바라보아야 살아갈 수 있다고 말한다.[17] 우리 인생에 대한 하나님의 목적은 과거가 아니라 미래에 있다. 그리고 앞으로 나아가려면 충분히 슬퍼한 후에 그만 놓아 주어야 한다.

3. 과거가 아닌 앞으로 전진하라

과거는
과거로 보내라

한 친구가 내게 물었다. "결별로 인한 상실을 내가 제대로 극
복하고 있다는 걸 어떻게 알 수 있나? 벌써 4개월이 지났는데, 어떤
때는 달라진 것 같고 또 어떤 때는 그렇지 않은 것 같아. 뭐가 정상
적인 건지, 뭐가 맞는지 모르겠네."

이와 비슷한 질문을 한 적이 있는가? 우리는 언제 회복될지,
또 우리가 그것을 어떻게 알아볼 수 있는지 알고 싶다. 정확한 자기
평가를 원하는 것이다.

자신이 회복되고 있는지, 또는 어떻게 회복되고 있는지 알 수 있는 방법은 많이 있지만, 진척 과정을 판단하는 도구와 지표는 사람마다 다 다르다. 이럴 때 다른 사람과 자신을 비교하는 것은 별 도움이 되지 않는다.

　　자기 스스로 생각하기에 깨어진 관계에 대해 생각하고 말하는 회수가 점점 줄어든다면 나아지고 있는 것이다. 이별에 대해 생각할 때 마음이 편안해지거나 불안해질 때가 서로 균형을 이룬다면 이 또한 나아지고 있다는 징조이다. 그리고 좋았던 때와 힘들었던 때를 떠올릴 경우에도 균형을 경험하는 것이 중요하다.

　　헤어지고 나서 처음 얼마 동안은 정신을 집중하기가 어려울 것이다. 따라서 자신의 집중력이 좋아지고 있다면 그 또한 나아지고 있다는 증거이다. 그리고 회복되는 속도에 대해 조바심을 내지 않고 인내심을 가지게 되는 것도 좋은 징조이다. 대부분의 사람들은 자기 자신에게 지나치게 엄격하다. 그래서 진전을 보이는 데 '너무 오랜 시간'이 걸리는 것 같으면 자신을 질책한다. 사실 사람들은 실제로 새로운 관계를 시작하기 위해서가 아니라 단지 자신이 나아지고 있다는 것을 스스로 입증하기 위해 데이트를 시작하는 경우가 종종 있다.

점검하는 시간을 가져라

이제 자신의 과거와 현재 상태를 점검할 때가 되었을 것이다. 다음은 자신이 얼마나 나아졌는지 알도록 도와주는 활동들이다.

전반적인 상태

0에서 10까지(0은 완전히 황폐한 상태이고 10은 완전히 회복된 상태이다) 중에 한 숫자에 동그라미를 쳐서 3개월 전과 지금의 상태를 비교해 보라(만일 이별한 지 3개월이 안 됐다면 이별할 당시 당신의 감정적 상태를 평가하라).

3개월 전

0　1　2　3　4　5　6　7　8　9　10
완전 황폐　　　　　　　　　　완전 회복

오늘

0　1　2　3　4　5　6　7　8　9　10
완전 황폐　　　　　　　　　　완전 회복

우울감이나 슬픔

또 다른 회복의 신호는 우울감이나 슬픔이 가시고 조금씩 삶을 즐기기 시작하는 것이다. 우울감이나 슬픔이 여전히 왔다 갔다 하겠지만, 그것이 마음을 사로잡는 일이 줄어들고 있다면 회복의 조짐이 보이는 것이다. 그렇다면 우울감이나 슬픔의 정도를 어떻게 묘사할 수 있을까? 자신의 우울한 기분을 가장 비슷하게 묘사하는 문장에 동그라미를 해보라.

- 우울감이나 슬픔이 내 모든 삶을 흐리게 만드는 것 같다.
- 이제 막 내 불행의 원인을 직시하고 그것에 대해 뭔가를 하려고 한다.
- 나의 우울한 기분에 맞서고 거기서 벗어나기 시작했다.
- 나의 우울한, 또는 슬픈 마음 상태에서 빠져나오고 있다.
- 나는 인생을 즐기고 있다.

분노

분노의 에너지를 바꾸어 앞으로 나가는 데 사용하기로 했다면 회복되고 있는 것이다. 분노의 원인이 상처와 두려움이라는 것을 깨달았다면 자신의 분노를 조금씩 파악해 가고 있는 것이다. 자신의 상태를 가장 정확하게 묘사하는 문장에 체크해 보라.

- 아직까지 분노를 느껴본 적이 없다.
- 이제 막 분노를 회복의 한 부분으로 이해하기 시작했다.
- 내 안의 분노를 조금씩 다루고 있는 중이다.
- 이미 분노의 감정을 처리했다.

때로 분노는 여러 사람들에게 다양한 강도로 나타난다. 자신에게, 하나님께, 그리고 옛 연인에게 분노를 느끼는 정도를 표시해보라.

자신에 대한 분노

많이	약간	왔다 갔다 함	별로 없음

하나님께 대한 분노

많이	약간	왔다 갔다 함	별로 없음

옛 연인에 대한 분노

많이	약간	왔다 갔다 함	별로 없음

수행 능력

또 한 가지 회복의 신호는 수행 능력과 관련이 있다. 내 친구
는 헤어진 지 몇 달 후에 나에게 이런 얘기를 했다.

다시 움직이기 시작했어. 삶에서 꼭 필요한 일들을 하는 것은
결코 따분한 일이 아니야. 한동안은 아주 간단한 관리 업무조
차 하기가 힘들었거든. 이제 난 다시 웃을 수 있어. 더 이상 라디
오를 듣거나 TV를 보면서 피해망상에 빠지지 않아. 예전엔 신
경을 곤두세우며 속상해 하곤 했거든. 잠깐 동안 즐거움에서 멀
리 떠나 있었던 것 같아. 하루는 꽃을 바라보는데 얼마나 즐겁
던지. 그래서 꽃집에 가서 꽃을 좀 샀지 뭐야. …나 자신을 위해
서! 운동도 다시 시작했어. 달리는 게 정말 좋거든. 몸이 좀 힘
들고 아프기도 하지만 다시 달리기를 하니 식욕을 되찾는 데도
도움이 되는 것 같아. 그 어느 때보다 음식이 맛있어.

고립

이별 후에 스스로 고립되었는가? 많은 이들이 그렇다. 그들은
다른 사람들과 함께 있는 걸 원치 않는다. 하지만 회복을 위해선 친
한 친구들이 필요하다. 스스로 고립되면 더 우울해질 뿐이다. 따라
서 단지 얼굴만 아는 사람들이 자신을 진 빠지게 하더라도, 스스로

몸을 일으켜 영혼에 양분을 공급해 주는 사람들과 관계를 가져야 한다. 당신이 회복되기 시작할 때는 사람들도 진을 빼는 존재가 아니라 활력을 주는 존재가 된다. 또 그래야 마땅하다. 하지만 그것은 과정이며, 어쩌면 자신이 원하는 만큼 속히 이뤄지지는 않을 것이다.

회복은 과거로 돌아가는 것이 아니라 앞으로 나아가는 것이다

수술을 받기 위해 병원에 입원해 본 적이 있는가? 그렇다면 입퇴원 절차를 잘 알고 있을 것이다. 수술이 끝나고 나면 환자는 회복실로 옮겨진다. 마취제에서 깨어날 때까지 얼마 동안 그곳에 머문다. '회복'이라는 용어를 이 방에다 쓰기에는 약간 오해의 소지가 있다. 그것은 분명 완전한 회복을 뜻하는 것이 아니기 때문이다. 사실은 환자가 수술 결과에 적응하도록 도와주어서 실제 회복을 위한 준비를 시켜주는 것이다. 진정한 회복이 되려면 시간이 더 걸릴 것이다. 심리학 교수 앤 스턴스(Ann Stearns)는 상실로부터의 회복을 고속도로 여행에 비유한다.

상실로부터의 회복은 공사중인 고속도로 직행 노선을 벗어나 한참 동안 국도를 달려야 하는 것과 비슷하다. 도로 표지판은 우리를 다른 경로로 안내한다. 우리는 전혀 생각지 못했던 마을을 지나고 생각지도 않았던 울퉁불퉁한 길을 가게 된다. 기본적으로는 올바른 방향으로 가고 있다. 그러나 지도상으로 볼 때 이 길은 직선보다는 상어 이빨에 가깝게 보인다. 서서히 목적지에 다가가고 있지만 때로는 고속도로로 다시 돌아갈 수 있을까 하는 의심이 들기도 한다.[18]

회복은 상실과 슬픔에 대한 최종 결론을 의미하는 것이 아니다. 그것은 두 부분으로 구성된 과정이다. 하나는 이별과 관련된 고통이 줄어들다 결국 사라지는 것이고, 다른 하나는 일상 속에서 정상적으로 기능할 수 있는 능력이 회복되는 것이다. 그리고 회복에는 자신의 변화도 포함된다.

어떤 사람이 상담 시간에 이런 질문을 했다. "제가 헤어지기 전의 모습으로 되돌아갈 수 없다면 회복을 말하는 이 모든 대화가 무슨 의미가 있는가요? 회복이 되는데 어떻게 이전의 제 모습을 찾을 수 없다는 건가요?"

중요한 것은 어떻게 옛 자아의 모습으로 돌아가지 않고서 회복될 수 있느냐는 것이 아니다. 만약 당신이 헤어지기 전의 모습으로 돌아가는 것에 초점을 두고 있다면 그런 회복은 이루어질 수 없다. 해답은 앞으로 나아가는 것, 그 경험을 통해 더 강해지고 지혜로

워지는 것이다.

　나는 어릴 때 받은 수술의 흉터가 있다. 그것을 보면 수술했던 기억이 떠오른다. 헤어짐도 이와 마찬가지로 내적인 흉터를 남긴다. 그리고 몸의 흉터처럼 민감한 부분이라 이따금씩 찌르는 듯한 아픔을 느낄 수 있다. 이런 통증이 언제 생길지 예측할 수는 없지만 다행히 어떤 이들은 완전히 회복되어서 이전 관계가 먼 기억이 되고 더 이상 어떤 아픔도 찾아오지 않는다.

　회복은 삶에 대한 재투자를 포함하는데 그것은 새로운 관계와 새로운 꿈들을 찾는 것이다. 그러나 당신은 새로운 것이라면 뭐든 불편함을 느낄 수 있다. 과거의 경험이 자신이 생각했던 대로 되지 않았기 때문에 의심과 염려가 있을지도 모른다. 이런 일은 누구에게나 종종 일어날 수 있다. 그리고 다시 희망이나 믿음을 갖기 시작하여 새로운 사람을 만나게 된다면 또 다른 이별을 경험할 가능성도 있다.

　회복에 있어서 우리 자신에게 선택의 여지가 있다는 사실을 아는가? 대부분의 사람들은 상실에 있어서 선택권이 없지만, 회복에 있어서는 누구나 선택권이 있다. 이 결별을 통해 긍정적인 영향을 받을 것인지 부정적인 영향을 받을지에 관해 선택할 수 있는 것이다.

　나는 현실을 부정하고 마치 아무 일도 없었던 것처럼 살아가기로 선택한 사람들과 이야기를 나누어 보았다. 또 슬픔의 초기 단계에 갇혀 슬퍼하고 원망하는 삶을 선택한 사람들과도 대화해 보았다. 그들은 이성(異性)을 증오했다. "그들은 모두 똑같아요." 그들이 자주 하는 말이다. 어떤 사람은 무정하고 화를 잘 내는 사람이 되어, 다른 사람들과 함께 있기가 힘들 정도였다. 전혀 즐겁지도 않았다. 만약 그들이 몇 년 동안 이런 상태였다면 자신은 영원한 피해자로, 다른 사람들은 악마로 만들기로 선택한 것이다.

인생은 우리가 꿈꾸었던 모습과 같지 않다. 또한 삶에는 우리가 원치 않는 상실들이 가득하다. 우리는 자신에게 닥치는 상실들을 마주하며 건설적인 일을 할지 파괴적인 일을 할지 선택해야 한다.

자신의 건강 상태를 평가하라[19]

자기 자신의 변화, 헤어진 사람과의 관계의 변화, 그리고 새로운 세상에 적응하기 위한 변화들을 평가함으로써 자신의 회복 과정이 잘되고 있는지 알 수 있다. 다음 평가들을 통해 얻은 결과들은 자신이 어느 정도 회복되었고 앞으로 얼마나 더 가야 할지를 판단하는 데 도움이 될 것이다. 하지만 시작하기 전에, 객관적인 시각을 가지고 당신을 도와줄 수 있는 좋은 친구와 함께 진행하기를 권한다. 때로는 제삼자가 현실에 대한 왜곡된 시각과 분명한 시각의 차이를 더 잘 구분한다.

각 평가를 위해 0부터 10까지의 범위에서 각 문항에 동의하는 정도를 표시해 보라.

나 자신의 변화

나는 대부분의 삶의 영역에서 정상적인 기능을 되찾았다.

0   1   2   3   4   5   6   7   8   9   10

전적으로
동의하지 않는다   완전히 동의한다

전반적인 슬픔의 증상들이 줄어들었다.

0   1   2   3   4   5   6   7   8   9   10

나의 상실에 대해 생각하거나 다른 사람이 그것을 언급할 때 감정에 사로잡히지 않는다.

0   1   2   3   4   5   6   7   8   9   10

분노가 줄었고, 화가 날 때 적절히 조절할 수 있다.

0   1   2   3   4   5   6   7   8   9   10

나는 대부분 나 자신에 대해 긍정적으로 생각한다.

0   1   2   3   4   5   6   7   8   9   10

나는 죄책감 없이 즐겁게 지낸다.

0   1   2   3   4   5   6   7   8   9   10

고통스럽거나 아픔을 느낄 수 있는 일들에 대해 생각하는 것을 회피하지 않는다.

0   1   2   3   4   5   6   7   8   9   10

나는 긍정적으로 생각하는 능력이 있다.

0   1   2   3   4   5   6   7   8   9   10

옛 연인이 나의 생각이나 삶을 지배하지 않는다.

0   1   2   3   4   5   6   7   8   9   10

내 인생에 의미와 의의가 있다고 믿는다.

0   1   2   3   4   5   6   7   8   9   10

나의 상실에도 불구하고 삶 속에서 희망과 목적을 본다.

0   1   2   3   4   5   6   7   8   9   10

나는 활력이 있고 하루 동안 평안하게 지낼 수 있다.

0   1   2   3   4   5   6   7   8   9   10

특별한 날에도 옛 기억에 휩싸이지 않을 수 있다.

0 1 2 3 4 5 6 7 8 9 10

가끔 헤어진 기억을 떠올려도 아픔과 슬픔을 느끼지 않을 수 있다.

0 1 2 3 4 5 6 7 8 9 10

더 이상 내가 헤어졌다는 사실과 싸우지 않는다. 나는 그것을 받아들였다.

0 1 2 3 4 5 6 7 8 9 10

지금 혼자인 상태를 편안하게 느끼는 법을 배우고 있다.

0 1 2 3 4 5 6 7 8 9 10

상실감이 주기적으로 되돌아올 거라는 사실을 알며, 그것을 이해하고 받아들일 수 있다.

0 1 2 3 4 5 6 7 8 9 10

슬픔이 무엇을 의미하는지 이해하며 그것에 대해 더 많이 감사한다.

0   1   2   3   4   5   6   7   8   9   10

헤어진 사람과 관계에서의 변화

나는 우리의 관계를 현실적으로 기억한다. 다시 말해 긍정적인 기억과 부정적인 기억들을 다 가지고 있다.

0   1   2   3   4   5   6   7   8   9   10
전적으로   완전히 동의한다
동의하지 않는다

나는 고통을 계속 안고 살아야 한다고 느끼지 않는다.

0   1   2   3   4   5   6   7   8   9   10

헤어진 그 사람과 적절한 관계를 갖고 있다.

0   1   2   3   4   5   6   7   8   9   10

그 사람이 내 삶의 일부가 아니라도 내 삶은 의미가 있다.

0   1   2   3   4   5   6   7   8   9   10

나의 새로운 세계에 적응하기 위한 변화

나는 다른 관계들 속에서 내 감정에 대해 솔직하다

0   1   2   3   4   5   6   7   8   9   10
전적으로   완전히 동의한다
동의하지 않는다

그 사람은 나를 떠났지만 나는 계속 앞으로 나아갈 수 있다고 생각한다.

0   1   2   3   4   5   6   7   8   9   10

헤어진 사람과 무관하게 나 자신 외의 사람들과 일들에 대해 관심을
가져 왔다.

0   1   2   3   4   5   6   7   8   9   10

나는 상실을 균형 있게 바라보고 있다.

0 1 2 3 4 5 6 7 8 9 10

정체되어 있지 말라

때로는 깨진 관계에서 회복되려고 무척 애는 쓰는데 길가에 세워진 자동차처럼 그 자리에서 꼼짝도 못하는 경우가 있다. 이처럼 자신이 정체되어 있는지 아닌지 알려 주는 위험 신호들이 있다.

그중 하나는 일어난 일을 받아들이지 못하는 것이다.[20] 나는 종종 자신에게 일어난 일을 받아들이지 않으려는 사람들을 보게 된다. 한 여성 내담자는 이렇게 말했다. "그 사람은 단지 화가 났을 뿐이에요. 전 그가 진심이 아니었다는 걸 알아요. 곧 전화가 올 거예요." 상실을 직시하는 고통이 너무 커서 그녀는 '함께 있다는 환상'에 의존하고 있었다.

또 다른 위험 신호는 다른 사람들로부터 고립되는 것이다. 당신이 정체 상태에 빠지지 않았더라도 이런 증상이 어느 정도는 나타날 것이다. 하지만 그런 상태가 계속되어서는 안 된다. 어떤 사람들은 선별적으로 관계를 끊지만, 모든 관계를 피하는 사람들도 있다. 너무 오랫동안 그것이 지속되면 고립이 점점 더 심해지고 슬픔 또한 줄어들기보다 더 커질 것이다.

어떤 사람들은 삶을 중단한 것처럼 보인다. 먹지도 않고, 일하러 가지도 않고, 사람들이 일상적으로 하는 모든 일들을 중단한다. 처음에는 그럴 수도 있지만 그런 상태가 지속되면 위험 신호로 보아야 한다. 두 아이를 혼자 키우는 준(June)은 이렇게 말했다.

> 처음에는 저의 두 아이들이 이해해 주었지만 몇 개월이 지나고 나니 애들도 학을 뗐어요. 제가 무서워 보인다고 하더군요. 그리고 스스로 점심을 차려 먹는 것도 힘들어하기 시작했어요. 자기들한테는 내가 필요하니 다시 엄마로 돌아와 달라고 하더군요. 그 말을 듣고 번뜩 정신을 차렸어요. 그래서 2주 만에 감정적으로 옛 연인을 정리했고, 제 자신을 더 이상 방치하지 않기로 했어요. 그리고 다시 일상으로 돌아왔어요.

많은 이들에게 정말 현실적인 문제는 알코올이나 약물에 의존하는 것이다. 그것은 일시적인 안도감과 위로를 발견하는 방법이며, 그 효과가 끝나면 평상시와 같은 삶으로 돌아오지 못한다. 오히려 더 상심하게 된다. 나는 연인과 헤어지기 전에는 약물이나 술을 전혀 하지 않다가 이별 후에 약물 남용에 빠진 사람들을 알고 있다. 약물이나 술은 슬픔을 해결해 주지 않는다. 오히려 슬픔을 더 연장시킬 뿐이다.

이별에 대해 강박적으로 생각하거나 말하는 것 또한 정체되어 있다는 신호이다. 이런 사람이 주변에 있다면 아마 그 사람과 오래 있지 못할 것이다. 이런 사람들은 자기 스스로가 회복에 거의 진전이 없다는 걸 보여 주고 있기 때문이다. 그들은 늘 한 가지 생각만 한다. 그리고 주변 사람들은 그들의 똑같은 말을 듣는 데 질린다. 만약 혼자 힘으로는 슬픔을 극복할 수 없을 것 같으면 지원 그룹이나 자신을 이해해 줄 전문가와 일대일 상담을 해보라. 상실에 대해 내 입장에서 생각해 주지 않는 사람들과 이야기하게 되면 말을 할수록 고통이 더 심해질 뿐이다. 그것은 같은 부분을 반복해서 때리는 것과 비슷하여 더 심한 손상을 입게 된다. 그렇게 되면 앞으로 나아가기 위한 에너지가 거의 남아 있지 않게 된다.

자신의 상황을 통제하라[21]

앞으로 나아기가기 어렵다면 무엇을 할 수 있을까? 다음 제안들이 도움이 될 수 있을 것이다.

1. 자신의 이별에 대해 이해할 수 없는 것을 가려내라.

어쩌면 이것은 이별과 관련하여 하나님의 목적에 대한 막연한 질문일 것이다. 또는 구체적인 질문이 될 수도 있다(예를 들면, 내가 그 모든 시간을 투자했는데 왜 지금 나에게 이런 일들이 일어났나요?). 당신 자신에게 이렇게 물어보라. 나를 가장 골치 아프게 하는 것이 무엇인가? 며칠 동안 색인카드를 가지고 다니면서 떠오르는 생각들을 적어 보라.

2. 날마다 느끼는 감정들을 파악해 보라.

슬픔, 분노, 후회, 상처, 또는 죄책감을 경험하고 있는가? 그 감정들은 무엇을 향한 것인가? 지난 며칠 동안 그 감정의 강도가 약해졌는가, 더 심해졌는가? 자신의 감정이 모호할 때 그것을 확인하고 그 정체를 규명하게 되면 감정의 지배력도 약해질 것이다.

3. 이 아픔을 극복하기 위해 어떤 행동이나 조치를 취하고 있는지 확인하라.

당신이 다른 관계들 속에서 행한 어떤 일이 도움이 되었는지 알아보거나, 또는 믿을 만한 친구에게 도움을 청하라.

4. 이 기간 동안 말을 들어주고 지지해 주는 사람들과 자신의 상실이나 슬픔을 함께 나누라.

조언을 해주는 사람들을 찾지 말고, 공감해 주고 당신의 말을 거리낌 없이 들어 주는 사람들을 찾으라.

5. 비슷한 아픔을 경험한 사람을 찾으라.

이혼 회복 그룹과 비슷한 관계 회복 그룹을 찾거나 결성하는 것도 도움이 될 것이다. 비슷한 일을 겪으며 이겨낸 사람들에 대한 책이나 이야기들을 읽어도 좋다.

6. 전에 당신에게 도움이 되었던 긍정적인 특성들과 강점들을 찾아보라.

이런 시기에 어떤 것이 당신에게 도움이 될 것 같은가?

7. 시편을 읽으며 시간을 보내라.

많은 시편이 인간의 상실과 고통을 반영하면서도 하나님의 자비로부터 오는 위로와 확신을 준다. 시편(34:6; 46:1; 138:3; 147:3)을 참고하라.

8. 기도할 때 당신의 혼란과 감정, 소망들을 하나님과 함께 나

누라.

교회 예배에 반드시 참석하라. 예배는 회복과 안정을 얻는 데
있어 매우 중요한 요소이다.

9. 지금으로부터 2년 후 자신이 원하는 삶을 생각해 보라.

당신의 꿈과 목표들을 적어 보라. 목표를 세우는 것만으로도 계
속 앞으로 나아가는 데 힘이 될 것이다.

10. 자신의 슬픔을 머리로 이해하는 것만으로는 부족하다는 것을 명심하라.

지적인 이해는 감정적인 경험을 대신할 수 없다. 따라서 인내하
면서 감정이 이성을 따라올 때까지 기다려 주어야 한다. 감정의
기복이 있으리라는 것을 예상하고, 이 제안들을 잘 보이는 곳에
붙여 놓고 자주 상기하라. 감정의 기복은 정상적인 것이다.

회복은 왔다 갔다 하는 과정이다. 이 시간을 지날 때 가장 좋
은 방법은 개인 일지를 기록하는 것이다. 그러면 설령 내 감정이 다
르게 말하더라도 진보하고 있다는 증거를 볼 수 있을 것이다. 이 일
지는 개인적인 것이므로 일지 내용을 온라인이나 블로그에 올리지
않도록 하라. 그것은 당신 자신이 느끼는 감정과 회복의 정도를 나

타내는 것이다. 단순한 서술문, 시, 자신의 여정을 나타내는 기도문 등, 어떤 형식으로든 쓸 수 있다. 《슬픔에 적응하기 위한 안내서 *Grief Adjustment Guide*》의 저자들은 일지에 관하여 유익한 제안을 해준다.

> 1. 매일 시간을 내어 일지에 짧은 글이라도 적는 것이 도움이 된다. 한 주가 끝났을 때 자신이 적었던 글을 다시 보면 슬픔의 회복을 향한 작은 진전을 볼 수 있을 것이다. 매일 한두 줄이라도 꾸준히 적는 것이 기록을 이어가게 해주는 가장 효과적인 방법이다.
> 2. 어떤 사람들은 일주일에 두세 번씩 일지를 쓰고 한 주의 마지막과 한 달의 마지막에 다시 살펴보기도 한다.[22]

처음 시작하기가 어렵다면 다음 목록을 살펴보라. 《삶이 공평하지 않을 때 *When Life Isn't Fair*》의 저자인 드와이트 칼슨(Dwight Carlson)과 수잔 칼슨 우드(Susan Carlson Wood)가 제안하는 방법이다. 자신의 생각이나 표현하고 싶은 것과 잘 맞는 것을 골라서 그날 글쓰기의 시동을 거는 데 사용하라.

> 1. 지금 나의 가장 큰 문제는…

2. 정말 나를 우울하게 하는 것은…

3. 이 이별에서 가장 안 좋은 것은…

4. 내가 외롭다고 느낄 때는…

5. 내가 가장 두려운 것은…

6. 내가 배운 가장 중요한 것은…

7. 내가 앞으로 나아가는 데 방해가 되는 것은…

8. 나는 …할 때 가장 많이 우는 것 같다.

9. 지난밤 이런 꿈을 꾸었다. …

10. … 노래를 들으니 … 생각이 났다.

11. 내가 새롭게 감사하게 된 사람이 있는데…

12. 나는 …할 때 화가 난다.

13. 계속 나를 따라다니며 괴롭히는 과거의 한 부분은…

14. 내가 과거로부터 배운 것은…

15. …할 때 죄책감을 가장 많이 느끼는 것 같다.

16. 가장 그리운 일들은…

17. 가장 많이 갈망하는 새로운 경험들은…

18. 내가 가장 원하는 변화들과 원치 않는 변화들은…

19. …때문에 때때로 혼란스러운 감정이 든다.

20. 오늘 …을 생각나게 하는 …을 보았거나 향기를 맡았다.

21. 내가 오늘 발견한 새로운 희망은…

22. 헤어진 이후로 내가 발전시킨 새로운 강점들은…

23. 오늘 …때문에 하나님이 친근하게 느껴졌다.

24. 오늘 …때문에 하나님께 화가 난다.

25. 내가 균형을 잡으려면…

26. 오늘 친구에게 전화 또는 편지를 받았다. …

27. 내 친구 …가 오늘 실연을 당했다. 나는 그 친구에게…[23]

적당한 것이 없다면 자신이 느끼는 바에 대해 쓰라. 먼저 한 단어로 시작하고(예를 들면, 고통, 갈망, 소망) 그 다음에 구문이나 문장으로 그 감정을 묘사할 수도 있다. 필요하다면 글을 쓰면서 울어도 된다. 그러나 그 감정에 대해 더 이상 할 말이 없을 때까지 계속 써야 한다.

이 일지는 오직 당신의 것이며, 당신 마음과 생각 속에 있는 것을 말하고 느끼기 위한 것이다. 구체적인 글의 형태로 감정들을 하나씩 다루는 것은 자신만의 감정을 소유하고 그것에 조직적으로 대응하는 좋은 방법이다. 슬픔은 종종 서로 얽힌 여러 감정들을 담고 있다. 그것들을 글로 적는 것은 각각의 감정들을 분리하여 각각의 카타르시스를 경험하는 좋은 방법이 된다.

자신의 글을 잘 관찰해 보라. 오늘 일어나고 있는 일에 대한 글이 많아지고 헤어진 사람에 대한 글은 줄기 시작할 때 실제로 치유와 적응이 이루어지고 있다는 걸 알게 될 것이다. 그 과정이 고통스러울 정도로 느리게 보일 수 있지만 진전의 흔적들도 찾아볼 수 있을 것이다.[24]

회복에는 비탈길이 있다

《새로운 시작 : 관계가 깨질 때 다시 시작하기 위한 8가지 원리 *Fresh Start* : *8 Principles for Starting Over When a Relationship Doesn't Work Out*》의 저자인 토머스 화이트먼(Thomas Whiteman)과 랜디 피터슨(Randy Peterson)은 가벼운 관계의 위험에 대해 경고하고 있다.

팔이 부러졌을 때는 깁스를 한다. 치료하는 동안 잘 회복되도록 고정시키는 것이다. 마음의 상처에도 동일한 처치가 필요하다. 가벼운 관계들을 조심하라. 자신의 마음을 보호하라. 치유될 때까지 깁스를 풀지 마라.

물론 이것은 어려운 일이다. 우리에겐 사회적, 육체적, 영적으로 채워지지 않은 필요들이 있다. 당신의 마음속에 큰 구멍이 뚫려 있는 기분이다. 그리고 그 구멍을 지금 채우기 원한다. 그런 압박감에, 당신은 끔찍한 결정을 할 수 있다. 그 사람이 당신의 가치관, 관심사, 신앙을 공유하든 말든 무슨 상관인가? 몸만 있으면 됐지!

어떤 종류든 가벼운 관계들은 당신에게 도움이 되기보다는 상처를 주기 쉽다. 그런 관계들은 근시안적인 마음과 자포자기에서 비롯된 것일 뿐 아니라 또 다른 상처를 받을 수 있다.[25]

저자들은 계속해서 관계의 트라우마에서 회복되는 과정이 흡사 진흙탕 탈출을 위한 팀 빌딩(team building) 활동과 비슷하다고 설명한다.

두 팀의 학생들이 진흙탕 안에 있다. 팀의 목표는 자기 팀원을 모두 탈출시키는 것이다. 물론 이 과정에서 양쪽 모두 엉망진창이 된다. 무사히 구덩이에서 나왔다고 생각한 순간 상대편 팀원들이 당신을 다시 진흙탕으로 끌어넣을 것이다.

…관계의 트라우마를 극복할 때도 이와 유사할 것이다. 당신은 구덩이에서 나왔다고 생각하지만 맞은편 '적들', 곧 추억이나 의심, 걱정 또는 당신을 우울하게 만드는 사람들이 다시 끌어당길 것이다.

…미끄러운 비탈길은 모든 슬픈 상황에 공통적으로 나타나지만, 특히나 이 지점을 빨리 통과하려 할 때 더 자주 나타난다. 하

지만 우리가 서둘러 단계들을 지나려 한다면 무언가에 걸려 넘어질 가능성도 커진다.

…하나님은 결국 우리에게 평안을 주실 것이지만, 보통 그것은 2년 정도가 지나고 나서야 찾아오는 것이다. 서서히 치유 받은 사람들의 예는 아주 많다. 그들은 훨씬 더 강해지고 성숙한 신자들이 되었다. 이는 하나님의 치유의 능력을 보여 주는 가장 큰 증거이다.[26]

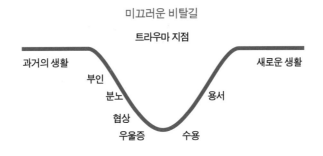

미끄러운 비탈길

어쩌면 당신은 미끄러운 비탈길에 있거나 한동안 그 길을 지나온 것처럼 느낄 것이다. 대부분의 사람들이 그곳을 지나 왔다. 그렇지만 여기서 끝나지 않고 다시 그 비탈길로 미끄러져 내려가게 될 것이다. 이것을 재발이라고 한다. 이상하게 들릴 수도 있지만 재발은 정상적인 것이다. 그것은 당신이 회복되고 있음을 나타내는 것이다. 비록 그렇게 느껴지지 않을지라도 말이다. 재발을 일으키는 몇 가지 요인들이 있다.

- 자신이 회복되려면 얼마나 먼 길을 더 가야 하는지를 바라보기 시작할 때, 그래서 위압감을 느낄 때.
- 자신이 다른 고통을 받는 사람들과 다르다고(또는 달라야 한다고) 느끼며 자신만만할 때.
- 자신의 옛 연인을 생각나게 하는 사람을 만나거나 실제로 옛 연인을 우연히 마주칠 때.

처음에 비탈길로 미끄러질 때는 다시 일어나기가 어렵다. 하지만 넘어짐을 반복할수록 일어나는 것도 훨씬 쉬워진다. 전에도 가본 길이고, 어떻게 올라와야 하는지 알기 때문이다.

무엇이 당신을 비탈길로 미끄러지게 하는가? 그것을 알 수 있으면 몇 가지 비탈길을 예상하고 예방할 수도 있을 것이다. 그렇지 않더라도 적어도 자신에게 무슨 일이 일어나고 있는지 알 것이다.

옛 관계에 대한 보고서

회복 과정에 있어서, 내가 말하는 '관계의 보고서'를 완료하는 단계에 속히 이르기를 바란다. 보고를 통해 당신은 자기 자신과 미래의 관계들에 대해 훨씬 더 많은 것을 알게 될 것이다. 일지에 다음 질문들에 대한 답을 편하게 적어 보라.

1. 옛 연인을 처음 만났을 때 제일 먼저 든 생각과 반응은 어떠했는가?

2. 당신에 대한 상대방의 첫 반응은 어떠했다고 생각하는가? 그 사람은 어떤 생각을 했을까? 두 사람은 자신의 첫 반응에 대해 서로 이야기해 본 적이 있는가?

3. 처음에 별로 관심이 없었다면 어떤 계기로 마음이 바뀌었는가? 이러한 패턴이 당신의 관계 속에서 반복되었는가?

4. 연인 관계가 시작되었을 때 누가 주도했는가? 관계가 이어지는 동안 이런 패턴이 계속되었는가?

5. 두 사람 다 영속적인 관계를 지속할 수 있었는가?

6. 관계를 이어가는 동안 감정은 거듭 변할 수 있다. 여러 단계를 거치는 동안 당신의 감정은 어떠했는가? 당시의 감정을 가장 잘 나타내는 숫자에 동그라미를 하라.

관계가 시작되었을 때

0	1	2	3	4	5	6	7	8	9	10
부정적		별 감정 없음			보통				매우 긍정적	

관계 중반에

0	1	2	3	4	5	6	7	8	9	10
부정적		별 감정 없음			보통				매우 긍정적	

관계가 끝났을 때

0	1	2	3	4	5	6	7	8	9	10
부정적		별 감정 없음			보통				매우 긍정적	

7. 감정이 수시로 바뀌었다면 그 원인은 무엇이었나?

8. 여러 단계에서 당신에 대한 옛 연인의 감정은 어떠했다고 보는가? 위의 표를 사용하되, 옛 연인의 애정 수준을 네모로 표시해 보라.

9. 연인 관계가 처음 시작되었을 때 어떤 의구심이 있었는가? 있었다면 그것은 무엇이었는가? 친구들은 어떤 의구심을 가졌는가? 가족들은 어떤 의구심을 가졌는가?

10. 처음 관계에서 옛 연인에 대해 알았으면 좋았을 거라고 생각하는 점은 무엇인가?

11. 그랬다면 어떻게 달라졌을까?

12. 옛 연인이 관계 초기에 당신에 대해 무엇을 알았더라면 상황이 달라질 수 있었을까?

13. 당신이 다르게 행동했으면 좋았을 거라고 생각하는 것은 무엇인가?

14. 당신은 그 관계 속에서 어떤 식으로 문제들을 다루었는가?

15. 누가 문제들을 끄집어냈는가? 누가 문제에 대해 의논하는 것을 싫어했는가? 그 논의들이 긍정적인 변화를 가져왔는가?

16. 그 관계는 어떻게 끝났는가? 누가 먼저 끝냈는가? 누가, 어떻게 저항했는가?

17. 어떻게 했으면 이 관계를 지속할 수 있었을까?

18. 지금 옛 연인에 대한 당신의 생각과 감정은 어떠한가?

19. 구체적으로 이 경험으로부터 무엇을 배웠으며, 그것이 미래에 도움이 될 것인가?

20. 궁극적으로 당신이 헤어진 것이 최선이었던 이유들은 무엇인가? [27]

혼자여도
괜찮다

외로움은 여러 가지 면모를 지닌 감정이다. 자신이 중요하지 않다는 느낌일 수도 있고, 다른 사람들에게서 단절된 기분이기도 하다. 외로움은 우리가 고립되었거나, 버림받았거나, 혹은 다른 사람들과의 관계로부터 제외되었다고 여겨질 때 찾아오는 감정이다. 사람들로 가득한 방에 있더라도 여전히 혼자라고 느끼는 것이다. 외로움이라는 단어 자체가 벌써 애절하고 섬뜩한 느낌이다. 그것은 새들과 꽃들이 떠나 버린 한겨울의 땅처럼 차갑다.

외로움은 잠시 머무는 손님이다

실제로 외로움이 어떤 모습으로 나타나는지, 시편 142편 4절에서 그 단서를 발견할 수 있다. "나를 아는 이도 없고 나의 피난처도 없고 내 영혼을 돌보는 이도 없나이다."

성경에 등장하는 많은 사람들이 외로움을 경험했다. 아담과 하와는 하나님으로부터 분리되었을 때 처음으로 외로움을 느꼈다. 예수님도 외로움의 고통을 느끼셨다. 많은 사람들로부터 오해를 받으셨고 그의 제자들도 스승을 완전히 이해하지 못했다. 주님은 겟세마네 동산에서, 빌라도의 재판정에서, 그리고 십자가 위에서 외로움을 겪으셨다(마 26-27장 참조). 사람들을 향한 사랑으로 가득했는데 그 사랑이 거절을 당했으니 더욱 외로우셨을 것이다.

어쩌면 다윗이 우리 마음을 대신해서 말하고 있는지도 모르겠다. "주여 나는 외롭고 괴로우니 내게 돌이키사 나에게 은혜를 베푸소서"(시 25:16).

어쩌다 가끔씩 외로움을 느끼는 것은 지극히 정상적인 현상이다. 그것은 전혀 문제가 되지 않는다. 문제는 우리가 지속적으로 외로움을 느낄 때다. 나는 가장 사교적이고 매력적인 사람들 중에서도 이런 경우를 종종 보았다.

관계가 이미 끝났고 상대방도 더 이상 곁에 존재하지 않지만 모든 삶이 그 사람을 중심으로 돌아가고 있다면 깊은 외로움이 생겨 난다. 마치 붙잡을 것이 하나도 남지 않은 상태인 것이다. 게다가 상 대방이 먼저 그만 만나자고 했다면 거절의 아픔까지 더해진다.

외로움이 계속되면 생활이 얼어붙은 상태로 진행될 수 있다. 그래서 사랑하고 싶지만 친구들의 사랑에 손을 뻗지 못하고, 두려움 때문에 관계로부터 스스로를 제한하는 것이다. 외로움은 우리가 잃 어버린 것에 초점을 둘 때, 그리고 친구들이나 친구를 사귈 가능성 에 대해 망각할 때 생겨난다.

외로움은 다시 혼자가 된 이들이 겪는 하나의 계절이기도 하 다. 하지만 계절의 특징처럼 짧게 지나가는 것일 뿐, 영원히 계속되 지는 않는다. 처음에는 압도적이고 감당하기 힘들지만 몇 달이 지 나면 외로움도 누그러지게 되어 있다. 외로움은 슬픔의 다른 모습 이라서 충분히 슬퍼하고 나면 그 마음도 풀어지게 된다. 비록 함께 할 의미 있는 사람이 곁에 없다고 해도 말이다.

누군가와 관계를 맺을 때는 항상 규칙적으로 외로움도 따라오 게 되어 있다. 이 위험을 완전히 피하려면 자신이 관심을 가졌던 사 람이 절대 떠나거나 사라지지 않는 삶을 살아야 할 것이다.

외로움은 우울한 기분과도 비슷하다. 우울한 마음이 드는 것 자체는 별 문제가 아니지만 주의할 것은 이 감정을 어떤 문제에 대 해 경계하라는 신호로 받아들이는 것이다. 그것은 당신에게 어떤 것이 잘못되었다고 말해 주는 것이다. 따라서 무엇이 잘못인지를 알아내고 그것을 바로잡기 위해 적절한 조치를 취해야 한다. 다소 불편한 일이긴 하지만 그냥 넘어갈 수 없는 문제이기도 하다. 만일 외로움에 굴복하여 그것이 삶 속에 자리 잡게 된다면 끊임없이 괴로움을 당하게 될 것이다. 대신 외로움을 잠시 머물다 가는 손님으로 대하고 제 갈 길을 가도록 격려한다면, 앞으로 계속 나아갈 수 있다.

적극적인 고독을 선택하라

제일 먼저 알아야 할 것은 우리가 수동적인 태도를 취할지 적극적인 고독을 받아들일지 선택할 수 있다는 것이다. 수동성은 아무것도 하지 않고, 아무 목적 없이 집안을 돌아다니며, 자고, 마시고, 과식하고, 신경 안정제를 먹고, TV를 보고, 혹은 약물에 의존하는 것이다. 그렇게 되면 감정적, 사회적인 고립에서 우울증으로 악화될 수 있다. 하지만 적극적인 고독을 택하면 운동, 그림 그리기, 독서, 인터넷 강의 듣기, 또는 다른 사람들을 돕고 섬기는 일 같은 건설적인 활동들을 할 수 있다.[28] 그것은 자신의 선택이다.

우정과 관계들에서도 마찬가지다. 외롭다면 그것을 인정하라. 하지만 그 필요를 채워 줄 사람들을 찾기 전에 먼저 생각할 것이 있다. 톰 행크스(Tom Hanks)가 주연한 영화 〈캐스트 어웨이 Cast Away〉에서처럼 당신이 몇 년 동안 무인도에 혼자 고립되어 있다면 무엇을 할 것인가? 어떻게 시간을 보내고 삶을 채워갈 것인가? 예수 그리스도와 인격적인 관계를 갖고 있다면 그것을 최대한 활용하라. 그분과 대화를 나누고 성경 말씀을 읽으라. 건강한 그리스도인들과 교제하며 시간을 보내라. 그리고 하나님을 섬길 방법들을 찾으라.

내가 만났던 수많은 독신자들은 행복해지거나 만족감을 느끼려면 관계를 맺거나 결혼을 해야 한다고 말해 왔다. 하지만 이것은 다른 무엇보다 의존적인 말처럼 들린다. 작가이자 심리학자인 헨리 클라우드와 존 타운센드는 이에 대해 다음과 같이 지적하고 있다. "만약 외로움이나 버림받는 것이 두렵다면 그 두려움을 해결하기 전까지는 진심으로 다가오는 사람들의 사랑을 받아들일 수 없다. 그러므로 가장 먼저는 자신의 외로움을 치료해야 한다."[29] 많은 사람들이 '다른 사람이 나를 받아 준다면 만족감을 느끼고 내 삶이 온전해질 것이다'라고 믿는다. 하지만 누군가에게 받아들여지거나 인정을 받는다고 해서 영원한 만족을 얻게 되는 것은 아니다.

만일 당신이 다른 사람의 용납이나 인정에 중독된다면 큰 대가를 치러야 한다. 그 대가에는 주변 사람들의 변덕과 주관적인 견해에 큰 상처를 받는 것도 포함된다. 다른 이들이 당신의 약점을 이용하여 학대할 수도 있다. 이것은 거절로까지 이어진다. 우리가 다른 사람들의 평가와 인정으로 자기 삶을 채우려 한다면 일상 속에서 경험하는 하나님의 축복과 긍정을 차단하는 것이다.

하나님을 추구하라

오래 전에 어느 연로한 상담가가 이렇게 말하는 것을 들었다. "자기 자신과 행복한 결혼생활을 하지 않으면 다른 사람과도 행복한 결혼생활을 할 수 없다." 수긍이 가는 말이었다. 만약 내가 나 자신에게 만족하지 않는다면 다른 누군가가 아니라 나와 하나님과의 관계가 그것을 해결해 준다. 하나님은 우리를 온전케 하고 만족을 주시는 분이다. 클라우드와 타운센드는 이렇게 설명한다.

> 영적 성장, 개인적인 성장, 직업적인 성장, 이타적인 봉사, 취미 활동, 지적인 성장과 그 밖의 것들로 충만한 삶을 살아라. 적극적으로 성장하는 삶은 데이트에 의존하지 않으며 그럴 시간도 없다. 당신이 하나님과의 관계, 다른 사람들을 위한 섬김, 그리고 흥미롭고 고무적인 활동들로 충만한 삶을 산다면 이성이 있어야 완벽해질 것이라는 마음도 줄어들 것이다.[30]

온전함을 추구하라

클라우드와 타운센드는 계속해서 이렇게 말한다.

> 적극적인 삶과 더불어, 영혼의 문제에 신경을 써라. 그 문제들이 무엇이든 간에(어린 시절의 상처, 관계와 직장생활에서 반복적으로 나타나는 주제와 패턴들, 다른 영역에서 드러나는 상처와 고통과 역기능 등), 외로움도 같이 치유될 것이다. 신기하게도 영적 성장의 과정 자체가 외로움을 치유하는 데 도움이 될 수 있다. 우리가 영적으로 성장해 간다면 자연스럽게 다른 사람들과도 더 가까워지고 보다 충만한 삶을 살게 될 것이다.
>
> …나쁜 관계에 빠지지 않도록 자신을 막아 주는 가장 좋은 경계선은 그런 관계를 필요로 하지 않는 것이다. 그것은 하나님께 기반을 두고 각종 지원 시스템에 참여하여 자신의 문제들을 해결하고, 충만하고 온전함을 추구하는 데서 비롯될 것이다.[31]

어떤 사람들은 결혼 상대 찾는 것을 인생의 목표로 삼는다. 그러나 우리에게 훨씬 큰 만족을 주는 것은 하나님과의 올바른 관계이다. 시편 기자의 말을 들어 보라. "내가 여호와께 간구하매 내게 응답하시고 내 모든 두려움에서 나를 건지셨도다"(시 34:4).

우리가 하나님을 추구하기 시작하면 옛 연인이 떠나간 아픔이 누그러진다. 나는 종종 하나님께서 깨진 관계의 아픔뿐만 아니라 결코 결혼 상대를 만나지 못할 거라는 두려움까지 없애 주시는 경우를 보았다.

독신자들은 정말로 자신이 하나님과 동행하도록 도와줄 수 있는 사람을 찾고 있다고 말한다. 하지만 하나님을 친밀하게 알아가는 데 연인이 필요하다는 생각은 기독교 신앙을 잘못 이해하는 것이다. 신앙은 하나님과의 인격적인 관계이며, 그것은 그리스도 안에서 다른 신자들과 가지는 교제와 친교, 공동체를 통해 나타난다. 남자 친구나 여자 친구를 통해서 맛보는 간접적인 관계가 아니다. 우리는 모두 주님과 자신의 관계에 대한 책임이 있다. 이상형을 찾는 대신 책임감 있고 믿을 만한 사람에게 초점을 두라. 가상의 상대에게 자신을 맞추려 하지 말라.

지금 자신의 처지에 대해 하나님께 감사한 적이 있는가? 어쩌면 고통이 너무 커서 아직 그럴 준비가 안 되었을 것이다. 하지만 하나님께 하나씩 감사를 표현하다 보면 끝나지 않을 것 같은 고통이 경감될 수도 있다. 이때 자주 사용되는 방법이 감사 제목 20가지를 써보는 것이다. 한번 시도해 보면 그 효과에 깜짝 놀라게 될 것이다.

새로운 관계를 포기하지 말라

다시 누군가를 만난다는 생각을 하면 마음이 설레면서도 한편으로 겁이 날 수 있다. 한때는 이상형에 대해 공상에 잠겨 있다가도 곧바로 이전의 관계들이 떠올라 머리를 흔들 수도 있다. 이러한 환상과 두려움이 한데 섞이면 다시 데이트의 세계로 용감하게 들어가려던 발걸음이 주춤할 수도 있다.

처음 몇 번의 데이트를 시도했는데 그리 좋은 기분이 아닐 수도 있다. 어쩌면 안절부절 못하고 어색해할지도 모른다. 최악의 경우를 예상하거나 지나치게 상대방을 경계할지도 모른다. 새로운 출발 단계에서는 호기심과 거리낌이 혼합되어 나타날 가능성이 크다. 관심은 있지만 거리를 두겠다는 심산이다. 감정적 상처들이 아직 흉터로 바뀌지 않았더라도 크게 걱정할 것은 없다. 이 모든 것은 누구나 겪는 정상적인 반응이다. 포기하지 말라.

조심하라

성경은 항상 조심하고 경계할 것을 거듭 말한다. 이러한 경고들을 주의 깊게 들으라. "오직 너는 스스로 삼가며 네 마음을 힘써 지키라"(시 4:9). "그런즉 너희 하나님 여호와께서 너희에게 명령하신 대로 너희는 삼가 행하여"(신 5:32). 삼가라는 것은 조심하고, 눈을 잘

뜨고, 경계를 늦추지 말라는 뜻이다. 한번 방심하면 다시금 다치게 될지도 모른다.

잘 모르는 사람과 데이트하지 말라

새로운 사람을 만날 때는 서로 알아가면서 관계를 형성하는 시간을 가져라. 그것을 데이트라고 부르지도 말라. 누가 낯선 사람과 데이트하길 원하겠는가? 처음부터 자신의 기대와 경계선을 분명히 하라. 가장 로맨틱한 관계는 우정에서 자라난다. 또 이미 친구인 사람과 데이트를 하면 초반부터 편안하게 자신의 모습을 드러내기가 훨씬 더 쉬울 것이다.

자신이 통제할 수 있는 것과 없는 것을 명확히 하라

남자든 여자든 사람들은 종종 이런 식으로 말하곤 한다. "새로운 관계를 맺는 것이 꺼려지는 이유 가운데 하나는 내가 그 결과를 통제할 수 없다는 사실 때문이지." 맞는 말이다. 우리는 앞으로 일어날 일을 통제할 수 없고, 일어날 일에 대한 다른 사람의 감정도 통제할 수 없다. 아울러 자기 자신에 대한 다른 사람의 감정도 통제할 수 없다. 따라서 내가 조언하고 싶은 것은 그런 부분에서 통제하려 하지 말고 편안하게 있으라는 것이다. 당신이 통제할 수 있는 것은 다른 사람에 대한 당신 자신의 반응뿐이다. 그러므로 자신의 감정과 일치하는 반응을 나타내고 복잡한 신호들을 보내지 말라. 그리고 너무 성급하게 움직이지도 말라. 자신의 마음이든, 데이트하는 상대방의 마음이든 모두 조심스럽게 다루어야 한다.

자신의 두려움들을 확인하라

이제까지 관계 안에서 느끼는 두려움 때문에 어떤 일들이 있었는지 돌아보라. 상대방과 친해지고 싶었지만 앞으로 나아가는 것이 두려웠는가? 어쩌면 상대방도 당신에게 다가오고 싶었지만 두려움 때문에 움직이지 못했는지도 모른다. 중요한 것은 자신에게 영향을 미치는 두려움이 무엇인지 인식하고 그것을 확인하는 것이다. 일단 두려움의 정체를 알아냈으면 그것이 타당한지 아닌지 평가할 수 있게 된다.

신화에 속지 말라

나는 많은 독신자들이 신화 같은 관계를 믿음으로써 관계의 잠재력이 손상되는 것을 지켜보았다. 이런 의미에서 신화는 소수 사람들의 부정적인 경험을 바탕으로 한 부정확한 신념이 복음의 진리로 일반화된 것이다.

누군가가 당신에게 이런 신화를 얘기한 적이 있는가? "자기랑 딱 맞는 짝은 세상 어디에도 없어." 또 다른 관계의 신화는 이렇게 요약된다. "어차피 내가 정말 원하는 사람을 찾을 수 없을 텐데 뭐 하러 그렇게 신경을 써?" 또 다른 이야기는 익숙하게 들릴 것이다. "데이트는커녕 이성을 소개받기에도 너무 늙었어." 사람을 찾고 데이트를 하는 데 있어서 나이를 의식하여 스스로를 제한하는 것은 자기 자신뿐이다. 나는 자주 60대, 70대, 80대 독신자들에게 데이트를 이어가라고 격려한다. 또 한 가지 신화는 패배자의 마음 상태와 관련이 있다. "나는 실패자고 앞으로도 그럴 거야." 이런 말도 숱하게 들었을 것이다. "좋은 사람들은 다 임자가 있어."

데이트를 할 때 꼭 기억해야 할 중요한 사실은 자신과 '더' 마음이 맞는 사람들은 만날 수 있지만 '완벽한' 사람은 찾지 못할 거라는 것이다. 완벽한 사람들은 오로지 우리 마음속에만 존재한다.[32]

반작용을 조심하라

관계의 반작용은 하나의 관계가 깨지자마자 치유의 시간도 갖지 않은 채 곧바로 다른 관계로 옮겨가는 것을 말한다. 이렇게 하는 사람들은 종종 관계의 상실로 극심한 고통을 느끼면서도 슬픔을 혼자서 이겨내기보다 새로운 관계를 맺음으로써 덮으려고 한다.

하지만 상실의 고통을 안은 채 새로운 관계로 들어가면 자신의 상처가 다른 사람에 대한 인식을 왜곡시킬 가능성이 크다. 이런 상태에서는 감정적인 교감을 나누기도 어려울 것이다. 관계의 반작용은 종종 치유를 방해하고 새로운 관계를 망치게 한다. 건강한 관계를 맺으려면 두 사람 모두가 안정되고 건강해야 한다.

이런 사람들은 잠재적인 새 관계 속에서 상대방이 옛 연인과 얼마나 비슷한지, 또는 다른지 알고 싶어 한다. 나는 많은 사람들이 옛 연인과 비슷한 사람을 선택하는 것을 보았다. 심지어 결점까지도 비슷하다. 새로운 관계를 맺고 앞으로 나아가려면 우선 이전 관계와 작별을 해야 한다. 그것이 깨진 관계에 대해 슬퍼하는 마지막 단계이다.

양다리 걸치는 사람을 멀리하라

건강한 관계에 위협이 되는 두 번째 유형의 사람은 소위 '양다리를 걸치는 사람'이다. 이들은 한 사람과의 관계를 유지하면서도 여기에 만족하지 못하고 계속해서 새로운 파트너를 찾는다. 현재의 관계가 실패할 경우 자신을 받아 줄 안전한 방어막을 준비하는 것이다.

나쁜 후보자들을 피하라

때로는 교제할 때 문제가 생기는 원인이 처음부터 상대방이 나쁜 사람이었기 때문일 수도 있다. 어떤 관계는 시작부터 커다란 장애물들을 가지고 있다. 그런 관계는 오래가지 못한다.

내가 오랫동안 독신자들을 상담하면서 알게 된 흥미로운 사실 중 하나는 사람들은 종종 자기 손에 넣을 수 없는 사람에게 끌린다는 것이다. 어떤 때는 그 사람이 이미 다른 사람과 사귀고 있거나 지리적으로 만날 수 없는 거리에 있다. 어떤 사람은 관계에 충실할 수 없고, 이미 나쁜 성품을 가진 사람들도 있다. 그들은 거짓말쟁이거나, 무책임하거나, 중독자거나, 화를 잘 내거나, 이기적이거나, 쩨쩨하다. 모든 사람이 다 좋은 결혼 상대는 아니다.

앞으로 나아가고자 할 때 반드시 기억해야 할 것이 있다. 모든 관계는 소모시키는 관계거나 채워 주는 관계 둘 중 하나라는 것이다. 소모시키는 관계는 감정적으로나 영적으로 당신을 고갈시키는 사람과 맺는 관계다. 그 관계는 어떤 식으로든 당신의 에너지를 빼앗아 갈 것이다. 이것은 오랜 연인 관계나 결혼생활 속에서도 생길 수 있다. 이런 사람은 곁에 있는 것만으로도 힘들다. 처음에는 그런 관계가 도움이 될 것처럼 보여도, 곧 부딪치게 되어 있다. 에너지를 소모시키는 사람들은 문제 해결을 도와주기보다는 오히려 문제의 원인이 된다.

우리는 어떤 상황에서든 소모적인 관계를 원치 않는다. 대신 서로를 채워 주고 서로에게 활력이 되는 관계를 원한다. 그런 사람들은 삶에 긍정적인 보탬이 된다. 이들을 끌어당기는 가장 좋은 방법이 있다면 바로 자기 자신이 그런 사람이 되는 것이다.[33]

Part 3

깨어진 자녀를 부둥켜안을 용기

흔들리는 당신의 자녀를
붙잡아 주라

자녀,
격동의 파도를 항해하다

청소년기는 격동과 다채로운 변화로 대표되는 인생의 시기이다. 아동기에서 성인기로 가는 이 단계에는 육체적, 정신적, 감정적 변화들이 가득하다. 따라서 부모와 십대 자녀들 모두가 혼란스러울 수 있다. 사춘기에 일어나는 여러 변화들에 당황하여 머리를 긁적일 부모들도 많을 것이다. 다음은 흔히 접하게 되는 십대들의 대표적인 변화들이다.

- 함께 이야기하는 걸 좋아했던 자녀는 이제 당신을 외계인처럼 대한다.
- 서로 농담하면서 즐겁게 깔깔거렸는데 이제는 무뚝뚝하거나 어두운 침묵으로 대화의 분위기가 바뀌었다.
- 십대들의 방은 그들만의 동굴이 된다. 그들은 사생활과 잠을 원하며 어른들을 피한다.
- 첨단 기기들은 십대에게 가장 중요한 삶의 일부분이다. 스마트폰, 태블릿 PC, 그 외 컴퓨터와 관련된 여러 기기들이 있다.
- 기분 변화가 심하고 또래들에게 지나치게 의존한다. 게다가 부모들은 십대들의 옷차림을 도저히 이해할 수 없다.
- 십대들은 자신이 부모들과 함께 있는 모습을 보이기 싫어한다. 그들에게 부모는 창피한 존재다. 그들은 부모가 말하고, 행동하고, 옷 입는 방식들이 점점 더 나빠졌다고 생각한다.
- 가장 중요한 것은 자녀가 십대가 될 때 지능이 더 자란다는 것이다. 한번 물어보라! 십대가 되면 알아야 할 것은 거의 다 알고 있는 것 같다. 또 자녀의 친구들도 점점 더 똑똑해진다. 이 때문에 부모는 점점 더 힘들어진다.

한 작가는 청소년기에 일어나는 과정들을 이런 식으로 재치 있게 묘사하고 있다.

이 이론을 뒷받침하는 명확한 증거는 없지만 청소년기 동안 아이가 신체적으로 성장하는 데 필요한 에너지가 부모의 뇌로부터 흘러나오는 것 같다. 그 결과 아이가 청소년기가 되면 9-10세 때보다 부모들의 IQ와 사고력은 더 떨어진다. 이런 지능의 손실로 우리의 논리와 추론은 종종 맞지 않게 된다. 우리는 매우 제한된 능력으로 삶과 세상에 다가가며, 충분한 정보와 방향을 제공할 능력도 현저히 줄어든다. 다시 말해 우리는 점점 더 멍청해져서 자신들이 무슨 이야기를 하고 있는지조차 모른다.[1]

적어도 십대들이 바라보는 부모는 그렇다! 마크 트웨인(Mark Twain)은 그것을 이런 식으로 표현한다. "내가 14살이었을 때는 아버지가 너무 무식해서 옆에 있는 것도 고역이었다. 그런데 21살이 되고 나니 그 노인이 7년 동안 얼마나 많은 걸 배우셨는지 깜짝 놀랐다."

《부모의 여덟 계절 *The Eight Seasons of Parenthood*》이라는 책에서는 청소년기를 화산기(volcano years)라고 지칭한다. 이 시기에는 무슨 일이 벌어질지 전혀 예측할 수가 없기 때문이다. 물론 전혀 따분하지는 않을 것이다. 부모들은 개인적으로 모든 차원(육체적, 영적, 지적, 감정적인 면)에서 벌어지는 변화에 많은 어려움을 겪는다.[2]

청소년기는 롤러코스터를 타는 것과 같아서 스트레스와 폭풍이 몰아치는 시기이다. 어떤 십대들은 이 험난한 시기를 좀 더 편하게 보내기도 하지만, 많은 이들에게 청소년기는 위기의 연속이다. 중간 중간 잠깐씩 숨 쉴 틈이 주어지기는 하지만 자신에 대한 의심과 열등감이 심해지고 사회적 압력이 최고조에 달한다. 기분 변화가 심하고, 외설물을 접하게 되며, 술을 마셔 보기도 하고, 나쁜 친구들과 어울리기도 한다. 법을 어기거나 거짓말을 하고, 무례하고, 학교를 떠나거나, 밤에 슬쩍 집을 나오기도 한다. 이런 것들은 십대 자녀에게 더 심한 일들이 일어나고 있음을 말해 주는 몇 가지 징후들에 불과하다. 부모들은 십대의 시간이 상실로 가득하며, 때로는 매일 그렇다는 것을 아는 것이 필요하다. 그것은 청소년들에게 꼭 따라다니는 슬픔의 미열처럼 보일지도 모른다.

십대, 상실을 경험하다

십대들이 보이는 '화산 같은' 반응들은 대개 상실에서 비롯된 것이다. 따라서 부모들은 그것을 어른의 관점이 아니라 아이들의 관점에서 보아야 한다. 다른 사람에게 거절당하는 경험, 운동 경기에서 진 일, 16세에 교정기를 한다는 것 등은 청소년들에게 명백한 상실이다. 상실의 종류에 따라 슬픔도 달라질 테지만, 결국 슬픔은 상실의 한 부분이다.

어쩌다 이 시기에 부모님 중 한 사람을 잃게 되면 대부분의 십대들은 그 사실을 부인한다. 이 무시무시한 경험과 뒤이은 감정들로부터 자신을 보호하기 위해서다. 그리고 만약 친구의 죽음이라도 경험한다면 강한 불안감을 떠안게 된다. 어른이 죽는다는 것은 익히 예상할 수 있지만, 또래가 죽는다는 것은 그들에게 정말 충격적인 일이기 때문이다. 친구의 죽음은 그들을 가장 불안하게 만드는 요소 가운데 하나이다. 아직 준비되지 않은 나이에, 자신이 죽을 수밖에 없는 존재임을 직시하는 일이기 때문이다.

많은 청소년들이 직면하는 또 하나의 상실은 부모의 이혼이다. 십대 때 이런 일이 생기면 미래에 대한 확신과 안정감이 사라진다. 부모의 이혼은 청소년기의 정상적인 성장을 한동안 방해한다. 십대들은 자신이 버림받았다고 느끼며, 가정에서 정서적 도움을 얻으려는 욕구마저 제한 받는다.

십대들은 가정이나 친구들 그룹 내에서 겪는 만성적인 질병이나 심신을 쇠약하게 하는 병에 의해서도 두려움을 느낀다. 친구가 떠날 때도 상실감을 경험한다. 그때의 아픔은 거절당했을 때만큼 혹독하다.

이처럼 자신들이 겪게 되는 상실을 다루기 힘들 때 나타나는 징후들에는 공허감, 두려움, 집중력 부족, 피로 등이 있다. 지나치게 비판적인 사람이 될 수도 있다. 그들은 자신들의 고통에 대해 말하는 것을 두려워한다. 다른 사람들이 자신을 실패자로 여길까봐 두렵기 때문에 부끄러움을 무릅쓰고 말하고 싶지 않은 것이다. 이 때문에 종종 격렬한 분노를 폭발하기도 한다.

정체성의 위기를 맞이하다

13세부터 19세까지의 청소년들은 부모로부터 독립해 가는 과정에 있으면서 동시에 근본적인 정체성의 위기를 경험하고 있다. 많은 이들이 이때 자신의 정체성을 형성하는데, 더러는 성인이 될 때까지 이것을 미루는 사람들도 있다.[3]

임상심리학 교수인 레스 패로트(Les Parrott)는 십대들이 정체성을 찾아가는 몇 가지 방법들을 다음과 같이 정리하고 있다.

• 가족 관계는 십대들의 정체성 형성에 매우 중요한 영향을 미친다. 가족 구성원들의 수용적이거나 비수용적인 반응들은 이들의 정체성 형성에도 큰 변수가 될 수 있다. 장애가 있거나 약물에 중독된 형제자매, 가족의 죽음, 또는 실직 같은 특별한 사건들도 많은 영향을 줄 수 있다.

- 유명 연예인들도 십대들의 정체성에 영향을 미치는 요소이다. 그러나 종종 그들을 지나치게 모방하려 해서 정작 자신의 개성을 잃어버리기도 한다. 십대들은 유명하거나 자신들이 갖고 싶은 능력을 갖춘 사람을 맹목적으로 흠모하거나 따르는 경우가 많다. 연예인들은 십대들에게 새로운 행동과 태도들을 시험해 볼 기회를 주지만 또한 그것이 진정한 십대들의 모습과 상충될 때도 많다.

- 배타적인 차단과 자신과 다른 사람들을 인내하지 못하는 것 또한 십대들의 정체성 형성의 한 부분이 된다. 이것은 어쩌면 정체성 혼란에 대한 방어일 수도 있다. 그리고 여기서 종종 약자를 괴롭히는 문제가 발생한다.[4]

- 신분의 상징들은 그들이 누구인지를 나타내는 또 다른 방법이다. 어울리는 친구들, 신발, 옷, 헤어스타일, 스마트폰, 전자기기들, 자동차 같은 것들이 십대들의 정체성에 추가된다. 그러나 진짜가 되려면 신분의 상징과 행동이 일치해야하며, 그것이 평판으로 이어질 수 있다.

- 성인의 행동은 정체성 패키지의 한 부분이다. 그중에서도 예를 들어 흡연, 마약, 성, 음주 등은 십대들이 적절하게 다루기에는 너무 무거운 주제들이다. 이런 행동들 중 일부는 심지어 십대 전에 접하기도 한다.

- 반항 또한 이 방정식에 잘 들어맞는다. 그것은 십대들이 부적절한 생각들을 처리하고 진정한 정체성을 발견하기 위해 시도하는 방법이다. 이것은 종종 내적 갈등을 유발한다.
- 다른 사람들의 의견 또한 중요하다. 십대들은 다른 사람들, 특히 다른 십대들이 인정해 주는 자아상을 갖기 원한다.

십대들의 일탈 행동[5]

십대가 어른이 되려면 부모에게 의존하던 어린 시절에서 벗어날 필요가 있다. 우리는 이런 움직임을 '일탈'이라고 부른다. 하지만 독립을 향한 이 움직임은 부모에게는 오히려 스트레스가 된다. 그들이 움직이는 방향을 통제할 수 없기 때문이다. 부모가 꼭 알아야 하는 십대들의 11가지 정상적인 일탈 행위들을 살펴보자.

1. 십대들은 혼자 있는 시간이나 또래 집단과 함께 보내는 시간이 필요하다. 그들은 보통 가족이 함께 모이기를 원하지 않고 예전처럼 가족 모임에도 관심이 없다. 그들에게 가족 모임이란 참고 견뎌야 하는 시간일지도 모른다.
2. 청소년들은 교회 출석을 비롯하여 어디에 소속되는 것을 기

피한다. 부모에게 무언가를 숨기려 하고, 어릴 때처럼 속마음을 털어놓지 않는다. 자식에게서 자신의 정체성과 필요와 자존감을 얻으려 하는 부모는 자녀가 이렇게 비밀을 털어놓지 않으면 힘들어하며 '좋았던 옛날'로 돌아가길 바란다.

3. 부모의 충고나 비판을 받아들이려 하지 않는다. 그들은 제안에 지나치게 민감한 반응을 보인다. 충고나 비판을 받으면 불안감이 스멀스멀 올라오는 것 같아서. 정체성이 제대로 형성되지 않았고 자존감이 낮기 때문에 이럴 때 더 민감하게 반응한다. 그들은 비판에 분개한다. 훈계, 비판, 충고를 들으면 자신을 통제하려는 것으로 해석한다. 그들은 다른 사람의 통제를 받기보다 자신이 스스로를 통제해야 한다고 생각한다.

4. 반항은 흔한 반응이다. 그러나 안정감이 있다면 반항은 줄어든다. 불안할수록 반항은 더 과격해진다.[6]

5. 후반기로 갈수록 이성이든 동성이든 또래들에게 충성하고 헌신하는 일이 더 많아진다. 십대들은 부모들이 자기들을 지켜보는 것을 원치 않을 것이다.

6. 십대들이 또래들과 보내는 시간이 늘어나면 종종 부모들의 걱정도 커진다. 하지만 밤새 통화를 하거나 문자메시지를 주고받고 항상 친구들과 같이 있고 싶어 하는 것은 이 시기에 지극히 정상적인 모습이다. 옷차림과 말투, 음악 듣는 취향, 즐기는 활

동, 일반적인 행동의 변화는 보통 또래 집단과 관련이 있다.[7]

7. 청소년들은 종종 자기만의 세계에 몰두하며 자기중심적 성향에 갇혀 있다. 그래서 그들의 반응은 주관적이다. 그들이 자기 비판적이면, 부모를 비롯하여 다른 사람들도 그들에 대해 비판적일 거라고 생각하는 경향이 있다. 그들은 자신을 특별한 존재로 생각한다. 그래서 새로운 친구관계를 형성하기보다 자신을 지탱해 주는 옛 친구관계에 만족한다. 이 시기에 새로운 지역으로 이사를 가는 것은 이들에게 큰 충격을 줄 수 있다.

8. 사회적 공포는 십대들이 두려워하는 것들 가운데 높은 순위를 차지한다. 그들은 거절당하거나 인정받지 못하거나 무시당하는 느낌을 좋아하지 않으며, 어리석거나 통제 불능으로 보이는 것도 원치 않는다. 그들이 두려워하는 대상에는 권위 있는 인물들도 포함되어 있다.

9. 십대들의 사고 과정은 어린이들과 다르다. 그들은 현실성과 가능성을 둘 다 인식하고 있다. 그래서 지나치게 이상화하면서, 추상적이고 개념적으로 사고하는 경향이 있다. 개인의 정체성을 찾는 것과 더불어 그들의 강한 이상주의적 감각은 분노와 좌절을 일으킨다. 그들은 상황이 어떠해야 하는지 알며, 그렇게 되지 않으면 참을 수가 없다. 삶의 문제들과 가치들을 바라보는 관점은 날마다, 또는 시시각각 달라질 수 있다.

10. 십대들은 또래들의 피드백에 지나치게 의존하며, 어느 그룹에 속해 있느냐에 따라 다르게 행동한다. 이때 부모들은 '이 아이가 누구지?' 하는 의문이 들 것이다.

11. 예기치 못한 위기를 만날 때 십대들은 상황 속에서 가치를 볼 수 있는 능력을 상실할 수 있다. 그래서 환멸을 먼저 느끼며, 냉소적으로 변하고 다른 사람들을 비하하기도 한다. 이 모든 것은 변화에 대한 저항으로 이어진다.[8]

대화를 막는 장애물들

자녀들은 청소년기를 지나면서 대체로 말수가 줄고 부모에게 속마음을 거의 털어놓지 않는다. 이것은 정상적인 것이기 때문에 부모들은 이런 상황을 개인적으로 받아들이지 말아야 한다(물론 예외는 있으며, 누구나 자기 가족이 예외이길 바랄 것이다).

십대들과 대화를 나눌 때는 논리적인 주장이나 받아치는 것보다 들어 주는 것이 훨씬 더 좋다. 그들의 감정에 귀 기울이면서 그것을 밖으로 끌어내 주는 것이 필요하다.

십대들은 부모와 대화할 때 자신들에게 온전히 집중하지 않는 것을 싫어한다. 그러므로 십대 자녀와 이야기를 나눌 때는 TV나 컴퓨터를 끄고 휴대폰도 받지 말라.

　뿐만 아니라 반응하는 말이 대부분 부정적이지 않고 긍정적이라면 대화를 계속 할 가능성이 더 커진다. 실수와 실패에 초점을 맞추기보다 성공, 성취, 이익에 초점을 두는 것이 훨씬 더 효과적이다. 어느 아버지는 십대 자녀에게 이렇게 요청했다고 한다. "존, 나는 너의 실수나 잘못에 대해 말하고 싶지 않다. 그런데 때로는 말을 해야 할 때가 있단다. 그것을 말하는 가장 좋은 방법을 알려 주면 나도 그대로 간단하게 말할게. 내 말이 너한테 잘 먹혔으면 좋겠거든."

　마지막으로, 십대 자녀와 대화할 때는 유머를 사용하라. 부모들이 나이가 많고 잘못된 것에 대해 민감하다는 것을 자녀에게 알려 주라. 그리고 되도록이면 TV나 음악, 인터넷 등을 피해서 대화하라. 자녀들과의 대화가 진행될수록 점점 더 분별력이 생길 것이다.

상실의 7가지 유형

　십대에게는 여러 가지 상실들이 상실 그 이상의 무게로 다가온다. 그것은 이제까지의 삶을 바꾸고 십대들을 위기와 트라우마, 혼돈 속으로 몰아넣는다. 십대 자녀가 상실을 경험하면 가족들도 비슷한 상실을 경험한다. 십대 자녀가 위기를 경험할 때도 마찬가지다. 그리고 십대 자녀가 정신적 외상을 입으면 온 가족이 정신적 외상을 입는다. 십대 자녀의 삶 속에서 겪은 상실이 죽음이라면 온 가족이 혼돈에 빠져 통제 불능의 상태가 될 수도 있다. 이것은 예측 가능하며 정상적인 현상이다.

또 한 가지 정상적인 반응은 가족들이 다시 정상으로 돌아오지 못할 것 같은 생각이 드는 것이다. 그럴 때는 '정상'이라는 정의를 새롭게 만들어야 할 것이다. 새로운 정상은 상실을 삶의 현실로 받아들이는 것이다.

지금까지 나는 몇 가지 상실을 언급했다. 상실은 사실상 대단히 중요한 범주나 유형들로 나누어진다. 십대 자녀의 경험 속에서 그것들을 찾아볼 수 있으려면 적어도 7가지 그룹으로 나누어 살펴봐야 할 것이다. 상실의 유형들을 읽으면서 과거에 어떤 유형의 상실을 경험했는지 생각해 보라. 그리고 우리의 십대 자녀는 어떤 상실을 경험하고 있거나 경험할 것 같은가?[9]

1. 물질적 상실

물질적 상실은 누구에게나 큰 손실이다. 십대들에게는 물질적 대상이나 익숙한 환경의 상실이 포함될 수 있다. 애착이 클수록 상실감도 더 크다. 물질적 상실은 보통 아이들이 제일 처음 경험하거나 적어도 제일 처음 인식하는 상실이다. 그것은 망가진 장난감일 수도 있고 자기의 아이스크림을 개가 먹어 버린 일이 될 수도 있다. 이런 일은 십대에도 계속되며 종류도 더 많아진다.

십대들이 느끼는 상실의 강도는 잃은 것을 다른 것으로 대체할 수 있는지의 여부와 밀접하게 관련되어 있다. 십대 자녀가 제일 좋아하는 운동 장비를 망가뜨리거나 타던 차를 박살냈다면 그들의 상실감은 며칠 혹은 몇 주 만에 가라앉을 것이다. 그러나 애완동물의 죽음이 주는 충격은 다르다. 불행히도 많은 부모들이 그 자리에서 뚜렷한 해법을 제시하려 한다. "새 강아지를 사줄게"라고 말하는 것이다. 하지만 이것은 최선의 방법이 아니다. 그 상실을 다른 것으로 대체할 경우, 새로운 대체물이 슬픔을 가릴 수 있기 때문이다. 오히려 아이가 슬픔을 겪으며 경험으로부터 배울 수 있도록 돕는 것이 더 낫다.

2. 관계의 상실

관계의 상실은 다른 사람과 관계를 맺을 기회를 잃는 것이다. 십대들은 앞으로 이런 일들을 많이 경험하게 될 것이다. 친구가 없으면 대화를 나누거나, 경험을 공유하거나, 서로 연락하거나, 심지어 말다툼할 사람이 없게 된다. 이러한 상실은 이사나 이혼, 또는 죽음의 결과로 일어날 수 있다. 그것은 또한 학교에서 파벌을 나누어야 할 때, 적절한 옷차림을 하지 않았을 때, 팀을 만들거나 만들지 않았을 때, 또는 …성장하면서 그냥 생길 수 있는 일이다.

3. 정신 내면의 상실

정신 내면(intrapsychic)이라는 말은 변화를 겪는 십대들의 자아 인식을 묘사하는 어려운 단어 가운데 하나다. 십대들은 상실과 더불어 중요한 감정적 자아상을 잃을 수 있다. 그뿐 아니라 자신들이 미래에 될 수 있는 것에 대한 감각을 잃어버린다. 그 상실로 인해 소중한 계획들을 변경하거나 오랜 꿈들을 포기하게 될지도 모른다. 때로는 어릴 적 겪었거나 현재 겪고 있는 육체적, 감정적 학대 때문에 이런 상실이 생기기도 한다. 이는 감정적으로나 신체적으로 큰 영향을 미친다.

종종 이러한 계획과 꿈들은 다른 사람들에게 이야기한 적이 없기 때문에 그 상실이 발생한 것 또한 비밀이 된다. 어쩌면 우리 아이가 고등학교에서 인기 있는 운동선수가 되고 싶은 마음이 있었을 것이다. 하지만 공을 잘 다루는 법을 배우지 않았고, 항상 조금 더 잘하는 아이에게 밀려난다. 또는 딸아이가 댄서나 체조선수가 되고 싶어 하는데 부상이나 신체적 결함으로 6년 동안 배운 것을 접을 수밖에 없는 상황에 처한다. 이렇게 되면 상실은 유연한 다리를 가지지 못했다는 것 이상의 충격을 안겨 준다. 이것이 정신 내면의 상실이다. 자신이 누구인지, 그리고 어떤 사람이 될 것인지에 대한 비전이 안개 속으로 사라져 버리는 것이다.

4. 기능적 상실

우리 몸의 근육이나 신경 기능과 관련된 상실은 노인들에게만 일어나는 일이 아니다. 십대들은 가능하면 적응하거나 조절하겠지만 어떤 기능적 상실은 정말로 압도적일 수 있다. 스포츠나 치어 리더로 활동하다가 사고가 난다면 엄청난 손상을 입을 수 있다. 청력 소실, 심장 기능 약화, ADHD나 조울증을 유발하는 유전적 결함처럼 눈에 잘 보이지 않는 문제들은 대단히 파괴적인 기능적 상실을 가져올 수 있다.

나의 경우, 9살 때 소아마비를 앓았다. 정도가 심하지 않아서 후유증도 거의 없었고, 학교도 한 학기 정도만 쉬다가 곧 복귀했지만 내 담당 의사들은 항상 내가 무리하면 안 된다고 당부했다. 그래서 나는 밖에 나가 운동을 할 수가 없었다. 다행히 나는 모든 에너지를 음악에 쏟았고 그 영역에서 만족스러운 경험들을 했다.

5. 역할의 상실

역할의 상실은 우리 모두에게 영향을 미친다. 그것은 한 가족 안에서 관계망 내의 익숙해진 자리를 잃어버리는 것이다. 그 상실의 의미는 그 사람의 정체성이 이 역할과 얼마나 밀접하게 연관되어 있었는지에 따라 달라진다. 예를 들어 가족생활의 중심에서 주인공 역할을 하던 13세 외동아이가 새로운 가족 구성원과 같은 방을 써야 한다고 가정해 보자. 그 아이는 더 이상 주인공이 아니다. 또는 재혼으로 새로운 가족 구성들이 서로 합쳐질 때 어떤 일이 생길지 상상해 보라. 십대 자녀는 새로운 형제자매들과 함께 달라진 역할과 의무에 직면한다. 이전 역할은 영원히 없어지기에, 이것 역시 하나의 상실이다.

6. 애매한 상실

애매한 상실은 대개 두 종류로 나타나는데 매우 다루기 힘든 상실이다. 첫 번째 유형에서 가족들은 다른 구성원을 육체적으로는 없으나 심리적으로는 존재하는 것처럼 인식한다. 이 사람이 죽었는지 살았는지 불분명하기 때문이다. 실종된 군인, 유괴당한 아이, 가출한 형제자매로 인해 심적 고통을 당하는 경우가 그러하다. 그 사람은 정말 언젠가 돌아올 것인가?

두 번째 유형의 애매한 상실은 어떤 사람이 육체적으로는 존재하지만 심리적으로는 존재하지 않는 경우다. 그 사람에게 정신적으로 문제가 있거나 가족을 학대하는 경우다. 예를 들어 알츠하이머병을 앓거나 중독에 빠져 있는 사람은 가족의 상황을 제대로 인식하지 못한다. 가정에 이런 일이 생길 경우 십대들은 그 상황을 이해하기 힘들어한다. 의붓자식이 자신의 생물학적 부모가 배척당하는 것을 감당하기는 쉽지 않다. 뇌 손상으로 5살 아이처럼 행동하는 아버지를 두었거나 중독이나 감정적인 기능 장애로 자녀의 필요에 전혀 신경을 쓰지 못하는 부모와 함께 살아가는 것도 십대들에겐 쉽지 않다.

관계 속에서 경험하는 모든 상실 가운데 가장 파괴적인 것이 바로 이 애매한 상실이다. 이것은 명확하지도 않고 쉽게 가늠할 수도 없기 때문이다. 사랑하는 이들이 육체적으로 떠났는데 존재한다고 인식하거나 그들이 육체적으로 존재하는데 없다고 인식할 때 십대들은 무력감을 느끼기 시작한다. 그러한 상실을 겪으면 십대가 아닌 성인이라도 우울증이나 두려움, 불안, 지속적인 관계의 문제들에 빠지기 쉽다. 이 모든 것은 복합적인 슬픔으로 이어진다.

7. 절박한 상실

인생에서 가장 힘든 상실 가운데 하나는 절박한 상실이다. 이것은 실제로 일어날 가능성은 있지만 그것에 대해 할 수 있는 일이 거의 없는 경우다. 이사나 이혼, 죽음, 실직 등이 그것이다. 그 일이 곧 닥칠 것처럼 보일 때 십대들은 통제력이 약해지고, 통제력의 상실은 마치 그들을 겨누는 칼처럼 머릿속에서 떠나질 않는다. 세상이 끝난 것이다. 우리 삶에서 발생하는 상실의 종류와 유형들을 살펴볼 때 명백한 한 가지 사실은 어느 누구도 이런 상실을 겪고 싶지 않다는 것이다.

위기와 트라우마[10]

이처럼 십대들이 겪는 수많은 상실들은 단순히 상실을 넘어 위기로 이어진다. 위기는 한 사람이 제 기능을 할 수 없을 정도로 삶의 균형을 잃는 사건이다. 그들은 일시적으로 대처 능력을 상실하며 균형을 잃는다. 무감각해지거나 정상적인 사고를 하지 못하거나, 공포심을 느끼거나, 감정적인 불균형을 느낀다. 그들은 무엇을 해야 할지 모르며, 어떻게든 극복하려 하지만 아무런 효과가 없다.

하지만 십대들은 대부분의 위기에서 지속적인 부작용 없이 회복될 수 있다. 그런데 트라우마를 겪었을 때는 상황이 다르다. 트라우마는 한 사람의 안전한 세계를 산산조각 내서 더 이상 피난처를 찾을 수 없게 만드는 사건에 대한 반응이다. 이것은 단순한 위기 상황이 아니라 삶에 적응할 수 있는 능력을 무력화시키는 비정상적인 사건들에 대한 정상적인 반응이다. 트라우마는 양쪽 뇌의 기능을 차단시킨다. 왼쪽 뇌는 생각하는 부분으로, 감정적인 부분인 오른쪽 뇌에서 일어나는 일들을 명확하게 표현하는 단어들을 포함하고 있다. 하지만 트라우마 속에서는 양쪽 뇌가 서로 협력하지 않는다.

로데오(rodeo, 카우보이들이 길들이지 않은 소나 말을 타고 솜씨를 겨루는 대회-역주)에 가본 적이 있다면 기수가 황소를 좇는 모습을 보았을 것이다. 그는 질주하는 황소를 향해 자기 말을 이끌고, 정확한 시점에 말에서 뛰어내려 황소의 뿔을 붙잡는다. 그리고 흙먼지를 일으키며 그 동물을 잡아끌어 멈춰 세운다. 적시에 적절한 압력으로 말 그대로 황소를 바닥에 거꾸러뜨린다. 사람들이 트라우마를 겪을 때도 그 황소처럼 비슷하게 내동댕이쳐진다. 당신의 세계는 거칠고, 통제할 수 없고, 비정상적으로 변한다.

예전에는 안전하게 보였던 세상이 더 이상 안전하지 않다. 예측 가능해 보였던 세상이 더 이상 가능할 수 없어 보인다.

트라우마는 정신적 상처다. 사람들은 그것을 극복할 수 없을 것이라고 느낀다. 심한 공격을 당해서, 자기 자신과 삶에 대한 믿음, 성장하려는 의지, 영혼, 존엄성, 안정감이 모두 손상된다. 트라우마를 겪게 되면 십대들은 공포와 무력감을 느낀다. 위기 속에서는 이런 감정이 어느 정도 회복될 수 있지만, 트라우마 속에서는 다시 회복되기가 어렵다.

트라우마를 겪게 되면 뇌에서 정보를 처리하는 과정에 심각한 손상을 입게 된다. 그것은 다시 자신이 겪은 사건을 이해하고 저장하는 방식에 영향을 끼친다. 사실상 비상경보 장치를 중단시키는 것과 같다. 트라우마를 일으킨 사건은 뇌에 깊이 새겨진다. 예전에 22명의 고등학생들을 상담한 적이 있었는데, 그들은 동급생이 다른 학생이 쏜 총에 맞는 광경을 목격한 아이들이었다. 그들은 이 사건으로 엄청난 충격을 받았다. 많은 이들이 몇 달 동안 두려움 속에서 살았다. 큰소리, 화약 냄새, (총을 쏜 학생을 연상시키는) 붉은 머리의 소년, 권총의 조준기, 혼자 걷는 것, 집에 혼자 있는 것만으로도 두려움과 긴장에 빠졌다.

트라우마 증상들(외상 후 스트레스 장애의 일부분)에는 시간의 왜곡(실제 사건의 길이보다 시간이 더 길거나 짧게 느껴짐), 관심의 고정, 과도한 각성, 부정적 환각(바로 그들 앞에서 벌어지고 있는 일을 보거나 듣지 못함), 강박적인 생각들, 과거의 회상, 연령 퇴행(더 어린 것처럼 말하거나 행동하는 것) 등이 포함된다. 시간 왜곡의 유일한 이득이라면 십대들이 주변의 혼란스러운 상황을 모두 보거나 기억하지 않는다는 것이다.[11]

자신의 십대 자녀가 어렸을 때, 또는 최근에 트라우마를 겪었다면 상담을 받아 보는 것이 꼭 필요하다.[12]

십대, 두려움과 마주하다

오늘날 십대들은 두려운 것들이 많다. 총격, 칼부림, 패싸움,

왕따 문제, 그리고 언어폭력이나 인종차별, 편협함 같은 정신적 폭력 등이다. 그들은 또한 시험을 망치거나 대학에 들어가지 못하거나 어떤 집단에 속하지 못할까봐 두려워한다. 십대 소녀들은 얼굴이 예쁘지 않거나, 몸매가 좋지 않거나, 알맞은 옷이나 친구가 없는 것에 대해서도 두려워한다. 십대 소년들은 자신이 멋지지 않거나, 옷을 잘 입지 못하거나, 근육질 몸이 아니거나, 팀을 만들지 못하거나, 여학생들과 편안하게 대화하지 못하거나, 좋은 차를 갖지 못할까봐 두려워한다. '부자' 학교의 십대들이든 '가난한' 학교의 십대들이든 이러한 두려움에서 자유롭지 않은 건 마찬가지다.

모든 십대들에겐 두려움이 있다. 실패에 대한 두려움이나 육체적으로나 정신적으로 자신의 영웅들처럼 살지 못하는 것에 대한 두려움, 왕따나 다른 신체적 폭력에 대한 두려움, 부모, 친구들, 선생님, 또는 또래들의 학대나 거절에 대한 두려움들은 모두 정상적인 것이다.

십대 자녀가 무엇을 두려워하는지 알아보라. 자녀들이 편안하게 거의 모든 것을 부모에게 말할 수 있는 관계를 가져라. 아이가 정말로 걱정하는 일들에 대해 다 털어놓아도 된다는 것을 말과 행동으로 보여 주라. 설교를 한다거나 소리를 지르지 말라. 십대들의 두려움을 폄하하지도 말라. 내 아이가 어리석은 것이라고 지레짐작하지 말라. 동정하고 공감하며 판단하지 말고 들어 주라. 십대 자녀가 부모에게 솔직하게 이야기할 수 있도록 격려해 주라. 훈계하기보다 더 많이 들어 주라. 그리고 조언은 아이들이 요청할 때만 하라.[13]

커뮤니케이션과 교육학 교수인(그리고 세 명의 장성한 자녀들을 둔) 리처드 헤이맨(Richard Heyman) 박사는 십대 자녀가 두려움들을 이겨 내도록 도울 수 있는 몇 가지 말과 행동들을 제안하고 있다.

부모에게 어떻게 보이든 간에 십대 자녀의 두려움은 실제로 존재하는 것이다. 그것을 실제 존재하는 것처럼 진지하게 대하고 다루라. 다음과 같은 말을 해주는 것이 도움이 될 것이다.

• 뭔가 걱정스러워 보이는구나. 무슨 일이 있니?
• 뭔가 고민이 있는 것 같은데 무슨 일인지 얘기해 주겠니?
• 오늘 무슨 일이 있었기에 네 기분이 안 좋아 보이는 거니?

당신이 돕기 원한다는 것을 다음과 같이 말로 표현하라.

• 내가 도울 수 있는 일이 있을까?
• 도와주고 싶지만, 네가 먼저 문제가 무엇인지 말해 주지 않으면 도울 수가 없어.
• 우리 모두 네 편이 되어 줄 거야.

부모의 생각에는 십대들의 두려움이 불합리해 보이더라도 본인에게는 완전히 합리적인 것으로 받아들여야 한다. 그것을 이겨 낼 수 있도록 도와주라. 다음과 같이 말하라.

- 너도 이 문제를 해결하고 싶지? 그래서 내가 도우러 온 거야.
- 문제가 무엇인지 얘기해 봐. 우리가 어떤 해결책을 찾아낼 수 있는지 생각해 보자.
- 네가 무서워한다는 것도 알아. 충분히 그럴 만하지. 하지만 이걸 다른 관점으로 볼 수도 있단다.

두려움을 다루기 위한 체계적인 방법을 제안하라. 다음과 같이 말하라.

- 네가 걱정하는 것이 무엇인지 적고 그것을 함께 살펴보면 어떨까?
- 문제를 더 잘 이해하기 위해 최악의 시나리오를 적어 보고 그 다음에 최선의 시나리오를 적어 보자.[14]

이렇게도 말할 수 있다.

- 나는 해답을 줄 수 없지만, 우리를 도와줄 전문가는 찾아 볼 수 있어.
- 좀 더 조사해 보고 다른 사람들이 이 문제를 어떻게 해결했는지 알아보자.

• 내가 너를 위해 기도할 때 어떻게 기도해 주면 좋겠니?

십대가 마주하는 죽음의 위기

십대 자녀가 죽음을 이해할 수 있도록 도와줄 방법에 대해서는 다음 장에서 더 자세히 다루도록 하고, 여기서는 몇 가지 일반적인 내용만 짚으려고 한다.

십대들은 중요한 상실이나 죽음에 대해 어른처럼 반응할 수도 있고, 아니면 어린아이와 비슷하게 슬퍼할 수도 있다. 가족이 죽었을 때 십대들은 다른 식구들로부터 더 멀어지고 다른 활동들이나 사람들에게 빠질 것이다. 한동안 성장이 멈출지도 모른다. 심지어 일정 기간 동안 보통 때보다 더 어리게 행동할 수도 있다. 십대들이 오랫동안 상실의 문제를 해결하지 못하면 그것이 지속적인 성장을 방해할 수도 있고, 또는 시간이 지날수록 더 성숙해지고 더 크게 성장할 수도 있다.

중요한 상실이 발생할 때 청소년들에게 필요한 것은 무엇일까? 바로 안정이다. 그들에게 가장 필요한 것은 안정과 안전이다. 십대들은 아는 것과 느끼는 것이 서로 다르다. 따라서 자신들의 삶에서 중요한 존재인 부모나 어른이 죽으면 이성적으로 받아들이기보다 자신이 버림받았다고 느낄 것이다. 그들은 비록 소중한 사람이 떠났더라도 누군가가 육체적, 감정적, 영적으로 자신들을 위해 존재한다는 것을 알아야 한다. 다른 가족들을 의지할 수 있다는 것도 알아야 한다.

친밀감도 필요하다. 죽은 사람이 부모든, 형제자매든, 친한 친구든, 아니면 애완동물이든 간에 그들을 조건 없이 사랑했다면 삶속에 커다란 구멍이 생겼을 것이기 때문이다.

또한 죽은 이들과의 연결도 필요하다. 코브(The Cove, 슬퍼하는 어린이들을 위한 프로그램)와 상실과 변화를 위한 뉴잉글랜드 센터(New England Center for Loss and Transition)의 설립자인 메리 앤(Mary Ann)과 제임스 엠스윌러(James Emswiler)는 이렇게 말하고 있다.

자기 스스로 떠날 수 있을 때까지 애착을 가지고 있던 대상과 함께하는 것은 정서적 건강에 대단히 중요하다. 만약 십대 자녀가 분리되는 과정 중에 있다면 부모로부터 독립하여 성장 발전하기 위해 돌아가신 부모와의 기억을 붙잡을 수도 있을 것이다. 부모는 이 세상에 없더라도 정서적 닻은 계속 남아 있기 때문이다.[15]

분리의 행위는 건강한 방법으로 행해져야 한다. 서로 감정을 나누는 일도 반드시 필요하다. 가능하다면 슬퍼하는 자녀들이 십대를 지원하는 그룹에 스스로 등록하도록 해야 한다. 그것이 불가능하면 부모가 그런 모임을 시작하는 것도 고려해 볼 수 있다.

자신들의 안전한 세계가 무너져 버렸을 때 그 감정적 고통을 덜어 줄 만한 것을 찾아보는 것도 하나의 방법이다. 상당수의 십대들이 알코올이나 약물을 남용하고 공격적으로 행동하는 것도 사실은 상실에서 비롯되는 고통을 완화하려고 애쓰는 몸부림이다. 그리고 가능하다면 정상 궤도로 돌아오게 해주는 것이 중요하다. 비록 전에 있던 자원들은 없어졌지만 새롭게 적응하고 대처하는 법을 배우기 위해서다.

리처드 헤이맨 박사는 십대 자녀들이 죽음에 잘 대처하는 법을 배우기 위해 유용한 몇 가지 말과 행동을 제안하고 있다.

십대인 자녀의 친구가 죽어 가고 있거나 죽었다면, 마음에서 일어나는 분노나 좌절, 슬픔, 때로는 죄책감을 표출하도록 격려해주라. 누군가의 죽음은 정상적이고 당연해 보이는 일상의 흐름을 방해한다. 자녀가 정상적인 삶으로 돌아오도록 도와주라.

• _____에 대해 이야기하고 싶니?
• 나도 친구들이 죽은 적이 있어. 그것이 얼마나 힘든 일인지 알아.

• 왜 이런 일들이 일어나는지 이해하기 어렵지만 같이 이야기를 해보자.

그 죽음이 자녀에게 심각한 영향을 끼치고 있는 것 같으면, 가까운 사람의 죽음에 대처하도록 도와준 경험이 많은 사람과 대화해 보도록 격려하라. 다음과 같이 말하라.

• (성직자들 중 한 분)과 이야기를 나누면 어떨 것 같니?
• 그분이 주일에 오셔서 이것에 대해 이야기를 나눌 수 있는지 여쭤 볼게.
• 네가 좋아하지 않을지도 모르지만, 난 네가 _____박사와 만나도록 약속을 잡을 거야. 내가 도와주는 것보다 경험과 지혜가 많은 사람이 필요할 것 같구나.

만약 부모나 조부모, 형제자매, 또는 다른 가까운 친척을 잃었다면, 아이들에게 당신이 슬퍼하는 모습을 보여 주어야 한다. 울고, 슬퍼하고, 화내고, 이해하지 못해도 괜찮다는 것을 보여 주라. 무엇보다도 감정을 솔직히 표현하고 담아두지 않도록 격려하라. 떠나간 사람에 대해, 좋았던 일들을 나누라. 실컷 슬퍼하고 나면 받아들이기가 더 쉽다는 것을 이해하도록 도와주라. 그러나 그 일들이 하루아침에 이루어질 거라고 기대하지는 말라.

- 네가 ____를 미치도록 그리워하는 거 알아. 사실은 나도 그래.

- 울어도 괜찮아. 너의 눈물은 ___에게 바치는 헌사니까.

- 왜냐고 물어도 돼. 명백한 답을 얻진 못하겠지만, 그래도 물어볼 수는 있잖아.

- 연세가 많아서 돌아가시더라도, 죽음은 항상 힘든 거야.

- 우리는 ___가 그리울 거야. 하지만 ___는 늘 우리의 기억 속에 남아 있을 거야.

- 시간을 두고 이 일을 이겨내도록 하자. 애써 잊어버리려고 하지 말고 그것을 이해하려고도 말고 그냥 우리가 원하든 원치 않든 삶 속에서 일어나는 일들 중 하나이니까. 지금 당장은 믿어지지 않더라도 시간이 지나면 조금씩 치유가 될 거야.

자녀가 장례식이나 추도식에 참석하도록 장려하라. 친구든 부모든 친척이든 십대인 자녀가 이 의식에 참여하는 것은 매우 중요하다. 한 번도 장례식에 참석한 적이 없다면 사람들과 함께 슬퍼하고 작별인사를 하는 것이 중요하다는 것도 알려 주라.

- 장례식에 함께 참석하지 않을래? 작별인사를 할 좋은 기회인 것 같은데.

- 장례식이나 추도식이 어떻게 진행되는지 알고 있니? 내가 설

명해 줄게.[16]

다음과 같이 말할 수도 있을 것이다.

• 나에게 제일 좋았던 기억은 _____이었는데 넌 어떠니?

• 장례식에서 하고 싶은 말이 있니? 카드나 편지를 써볼래?

• _____와 함께했던 제일 좋은 기억을 기록해 두면 어떨까?

다음은 당신의 십대 자녀와 함께 나눌 수 있는 성경 구절들이
다. 시편 4:8; 31:10, 14-15; 73:26; 94:14; 116:8-9; 119:28; 이사야
41:10; 요한복음 16:20.

안전한 울타리가 있음을
기억하게 하라

모든 상실에는 슬픔이 뒤따르지만, 일부 십대들은 슬퍼하는 것을 어려워한다.[17] 따라서 슬픔을 드러내는 데 방해가 되는 요소가 무엇인지 알아내는 것이 중요하다. 다음은 슬픔을 방해하는 주된 요인들이다.

- 부모가 슬픔을 잘 표현하지 못했다. 과거나 현재의 상실들을 슬퍼하는 데 어려움을 겪었다.

- 자녀들이 마음 아팠던 일을 표현했을 때 부모가 이를 이해하거나 받아들이지 못하고 오히려 무시했다. 부모가 어떻게 반응해야 할지 알지 못한 경우다.

- 십대들은 부모가 상실을 다루는 방법에 대해 걱정한다. 어떤 경우에는 십대들이 부모를 보호하려 한다.

- 십대들은 자제력과 마음의 평온을 유지하는 것에 지나치게 신경을 쓴다. 특히 남들 앞에서 슬퍼하거나 우는 것 같이 약한 모습을 보이는 것에 대해 두려움이나 위협감을 느낀다.

- 부모들이 적극적으로 나서서 십대 자녀들이 슬퍼하도록 격려하지 않는다.

- 십대들이 사랑하고 배려하는 분위기 속에서 안정을 얻지 못했다.

- 사랑하는 사람이 죽었을 경우, 십대들은 그 일이 일어나는 데 자신이 어떤 역할을 했는지 물을 것이다. 사랑하는 이를 향해 양면적인 감정을 품고 있었다면 그 잘못된 죄책감이 한층 더 커진다.

- 부모나 가족 구성원들이 죽음이나 상실을 현실로 받아들이는 데 힘들었을지도 모른다. 죽음이나 상실을 인정하거나 서로 대화를 나누지 못한다.[18]

슬픔을 다루는 7단계

십대들이 경험하는 상실의 유형과 상관없이 슬픔을 다루는 과정에서 다음의 7단계를 거치게 하는 것이 중요하다.

1. 십대들은 상실을 받아들이고, 고통을 경험하고, 그들의 슬픔을 표현해야 한다.
2. 그들이 겪고 있는 광범위한 감정들을 확인하고 표현하도록 도와줄 사람이 필요할 것이다. 십대들이 자신의 감정을 이야기하고, 글로 쓰고, 그림으로 표현하도록 격려하라.
3. 그들은 다른 사람들이 왜 슬퍼하는지, 그들 자신이 왜 슬픈지 알아야 한다.
4. 사람들이 슬퍼하는 것은 십대들의 어떤 반응 때문이 아니라 죽음 때문이라는 것을 말해 주어야 한다. 설명해 주지 않으면 십대들은 다른 사람들의 반응이 자신들이 한 일이나 하지 않은 일 때문이라고 생각할 수 있다.
5. 죽음의 경우, 십대들이 사랑하는 사람과의 관계를 추억하고 돌아보도록 용기를 주어야 한다.
6. 포기하는 법과 작별하는 법을 배우고 자신들이 잃어버린 것에 대해 이야기하도록 도와주어야 한다.

7. 십대들의 나이와 감정적인 성숙도에 따라 상실에 대한 반응은 달라진다.

사랑하는 사람의 죽음에 대한 반응[19]

작가이자 고민 상담가인 캐롤 슈타우다허(Carol Staudacher)는 사랑하는 사람이 죽었을 때 십대들이 흔히 경험하게 되는 다양한 반응들을 묘사하고 있다.

두려움

사랑하는 사람이 죽게 되면 십대들은 다음과 같은 두려움들을 포함하여 여러 가지 부가적인 공포를 경험할 수 있다.

- 다른 부모나 형제자매, 혹은 조부모들을 또 다시 잃을 것 같은 두려움 - 그들은 남은 사람들을 죽음의 후보자로 보는 경향이 있다.
- 그들 자신의 죽음에 대한 두려움 - 이것은 특히 죽은 사람이 자신보다 더 어리거나 그 사람이 죽은 나이에 가까워질 때 더욱 그렇다.

- 잠자는 것을 죽음과 동일시하여 잠드는 것을 두려워 함 - "내가 깨어나기 전에 죽어야 한다면"이라는 말로 시작하는 어린아이의 기도도 이런 오해를 더 부추긴다. 꿈과 악몽이 그 두려움을 더 심화시킨다.
- 집과 가족의 불안정 때문에 느끼는 분리에 대한 두려움 - 십대들은 자신들이 더 이상 안전하거나 보호받는다고 느끼지 않는다. 그리고 다른 식구들을 화나게 할까봐 자신들의 기분에 대해 이야기하기를 주저한다. 한 소녀는 내게 이렇게 말했다. "아빠가 돌아가셨을 때 전 엄마와 그 이야기를 하고 싶었어요. 하지만 그러면 엄마가 울까봐 두려웠고, 다른 식구들이 저한테 호통 치는 것도 싫었어요. 그래서 제 감정을 꾹꾹 누르고 있었어요."

죄책감

슬픔과 관련된 두 번째 감정은 죄책감이다. 죄책감의 원인을 모두 알아내기는 힘들지만, 사랑하는 사람이 죽었을 때 십대들이 죄책감을 경험하는 주된 이유는 다음의 세 가지로 정리될 수 있다.

1. "내가 뭔가를 잘못했기 때문에 _____가 죽은 거야! 내가 다 망쳐 버렸어" 십대들은 자신들이 잘못했다고 생각되는 일을 곱

씹는 버릇이 있다. 실수일 수도 있고, 무엇을 망가뜨렸거나 해야 할 말이나 행동을 잊었을 수도 있다. 어른들과 마찬가지로 십대들도 결국 깊은 후회에 휩싸인다. 하지만 이런 것들을 부모에게 말하지는 않는다.

2. "나는 그 사람이 죽었으면 좋겠다고 생각했는데, 정말 그렇게 됐어." 때로는 이런 생각이 들기도 한다. 십대들은 자신의 부정적인 생각들이 정말 효과가 있었나 의심한다. 그래서 다른 사람들이 이 사실을 알게 될까봐 걱정한다.

3. "나는 해야 할 일을 하지 않았어." 자신의 나쁜 행실, 또는 사랑을 주거나 표현하지 않은 일, 또는 부모가 원하는 자녀가 되지 못한 것에 대해 죄책감이 들 수 있다.

분노

또 한 가지 흔한 반응은 분노다. 분노를 일으키게 되는 바탕에는 종종 자신들이 버림받았고 홀로 세상을 살아가야 한다는 믿음이 깔려 있다. 그들은 특별했던 그 사람과 더 이상 함께할 수 없으며, 그래서 미래가 극적으로 달라졌기 때문에 분노한다. 죽음이 그들의 계획을 망쳐 버린 것이다. 그들은 자신이 통제할 수 없는 사건에 희생되었다고 느낀다.

십대들은 몇 가지 이유들로 부모에게 분노할 것이다.

- 죽은 사람이 많이 아프다는 것을 미리 말해 주지 않았다.
- 부모가 아픈 사람과 많은 시간을 보내서 그들 자신이 도외시 되고 고립되었다고 느끼기 때문이다.
- 그냥 화를 낼 대상이 필요해서다. [20]

십대들은 여러 가지 방법으로 분노를 표현한다. 그것은 목표를 잘 겨냥한 총알처럼 명중하기도 하고 산탄총처럼 사방으로 흩어지기도 한다. 그들은 가족들이나 친구들, 선생님들, 애완동물, 심지어 하나님을 향해 자신의 분노를 드러낸다. 이는 짜증이나 싸움, 조용한 적개심, 또는 언어적 폭발로 나타날 수 있다. 이처럼 노골적인 분노의 감정들을 경험하는 것이 매우 힘들겠지만, 그것은 건강한 징후들이다. 오히려 분노를 억누르게 되면 소화불량이나 우울증에 걸릴 수 있다.

혼란

사랑하는 이를 잃게 되면 혼란이 뒤따를 수 있다. 만약 당신이 기독교 가정에서 자란 13살 아이인데 아빠가 돌아가셨다고 상상해 보라. 아마도 이런 의문들이 고개를 들 것이다. '하나님은 어디 계시는 건가? 왜 우리 아빠를 살려 주지 않으셨지? 왜 아빠의 병을 고쳐 주지 않으셨지? 내가 매일 기도했는데! 삼촌은 우리 아빠가 하나님

곁으로 가셨다고 하는데 하나님은 왜 그렇게 하셨을까?' 십대들은 하나님에 대해 혼란을 느낄 뿐만 아니라 고인에 대해서도 복합적인 감정을 느끼게 된다.

그들은 어른들에게 받는 혼합된 메시지와 충고들을 잘 분류하려고 애쓴다. 어른들의 기대는 종종 혼란을 야기하는데 어떤 어른은 십대 소년에게 '쯧쯧, 불쌍한 녀석 같으니라고. 정말 슬프고 외롭겠구나'라는 식으로 말한다. 다른 어른은 '이제 네가 가장이니까 강해져야 할 거다'라는 식의 메시지를 던진다. 그들은 강해져라, 슬퍼해라, 자제해라, 다른 사람들을 도와주라, 등등 상충되는 여러 메시지들을 들으며 혼란을 느낄 수 있다.

고인에 대한 기억들 또한 혼란을 가져올 수 있다. 십대들은 남은 이들이 고인에 대해 자신의 기억과 상충되는 방향으로 말하는 것을 듣게 된다. 그들은 고인의 완벽한 능력을 칭찬하지만 십대들은 그것을 이해할 수 없다. 그들은 이런 의구심이 들 것이다. '아빠가 정말 그렇게 완벽하셨나? 난 몰랐는데. 때로는 아빠가 싫을 때도 있었고, 계속 큰소리를 치실 땐 아빠가 정말 나쁘다고 생각했는데. 어쩌면 내가 틀렸을 지도 모르지. 아무도 내 생각을 알아채지 못했으면 좋겠다.'

다른 사람들의 변덕스러운 기분 또한 혼란을 일으킬 수 있다. 주변 사람들은 방금 전까지 쾌활했다가 금세 침울해져서 말을 아낄 수 있다. 이것이 정상적인 반응이긴 하지만, 이들로부터 안정감을 얻으려 하는 십대들은 그들의 감정적 기복에 어떻게 반응해야 할지 헷갈려 한다. 어떤 십대는 이렇게 생각할 것이다. '나였어? 내가 잘 못한 거야? 그들은 나랑 같이 있길 원하지 않는 걸까?'

슬퍼하는 십대들을 돕기 위한 11단계

1. 십대들이 마음껏 슬퍼하고, 하고 싶은 말과 질문을 하도록 격려하라.

가족의 죽음이든, 중요한 변화든, 애완동물의 죽음이든, 십대 자녀들이 잃어버린 것에 대해 애도하게 해주어야 한다. 그러나 어떤 아이들에게는 단지 슬퍼하게 해주는 것만으로는 부족할 수 있다. 그들의 감정을 털어놓도록 권유해야 하고, 또 슬픔을 표현하는 방법을 가르쳐 주어야 한다. 몇 가지 민감하고 방향이 잘 맞춰진 질문들을 던지면 그것을 잘 이끌어낼 수 있다. 이런 식으로 말해 주라. "때로는 우리에게 일어난 일들이 우리를 참 혼란스럽게 하지. 그걸 말로 표현한다는 건 어려운 일이야. 잘 생각해 보고 준비가 됐을 때 하고 싶은 질문들을 적어도 돼. 언제든 물어봐."

대화를 이끌어내는 방법 가운데, 모든 연령에게 사용할 수 있는 가장 유용한 도구는 바로 슬픔의 공(Ball of Grief)이다. 이것은 가장 말이 없는 십대들도 마음을 열고 얘기하도록 도와줄 것이다. 그들에게(또는 온 가족에게) 이 그림을 복사해서 주고 마커나 크레용을 사용해서 그들이 겪고 있는 일들을 표시하게 하라. 이것은 각 사람이 다양한 감정을 어떻게 경험하고 있는지를 묘사하는 데 도움이 된다. 어떤 사람은 이것을 몸 안의 어느 부분에서 경험하고 있는지, 또 그것이 그들의 일상생활에 어떤 영향을 미치고 있는지도 이야기한다.

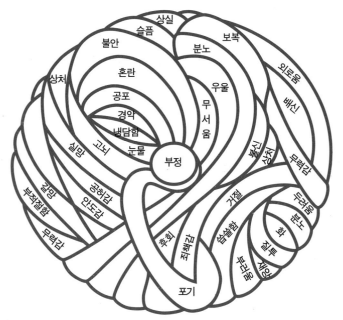

'슬픔의 공' 사본은 www.hnormanwright.com으로 다운로드할 수 있다.

그들이 여전히 말하고 싶어 하지 않으면, 강요하지 말고 기다려 주라. 그냥 언제든 들어줄 준비가 되어 있다는 것만 알게 해주라. 그들이 자기감정을 표현하게 할 다른 방법들을 찾아볼 수도 있을 것이다.

나는 많은 십대들에게 '물방울 나무'(Blob Tree)를 사용하여 대화를 시도해 보았는데, 가장 말이 없던 아이들도 수다쟁이가 되는 것을 보았다.[21] 방법은 간단하다. 지금 슬픔에 잠긴 자신들의 모습을 잘 나타낸다고 생각되는 물방울들을 골라보고, 또 다른 가족들을 나타내는 물방울들을 골라 보는 것이다. 우리는 그들이 누구이며 무엇을 하고 있는지에 대해 이야기를 나눈다. 그들의 대답은 매주, 매달 다를 수 있다.

십대들이 일단 자신의 감정에 대해 이야기하기 시작하면 마치 기름이 콸콸 솟구치는 유전과 비슷하다. 그들은 자신의 한정된 능력을 가지고 자신에게 일어난 일을 이해하려 애쓰며 다시 안정을 구하고 있다. 이때 누군가와 대화를 나누며 자신의 궁금증에 대한 답을 얻게 되면 감정을 표현하지 않을 때보다 훨씬 환상에 덜 빠지게 된다. 십대 자녀가 자신의 감정을 털어놓지 않는다면 간접적인 질문이나 위로하는 말로 다가가 그들이 자기감정을 말로 표현하도록 유도해 보라.[22]

물방울 나무

2. 그들이 슬퍼할 준비가 되었을 때 함께 있어 주라.

함께 있어 주는 것은 아마 십대들에게 가장 중요한 요소일 것이다. 본인들은 인정하지 않을지 모르겠지만, 그들에겐 애정과 안정감이 필요하다. 눈을 맞추어 그들을 어루만져 주면 마음의 평안을 얻고 안심하게 될 것이다. 감정의 기복이 있는 것이 정상이라는 것을 알려 주라. 그들은 미쳐 가고 있는 것이 아니다. 밀려드는 감정의 파도를 감당할 수 있을 만한 조각들로 잘게 나누어서 슬픔에 압도당하지 않도록 도와주라. 삽화나 단어 그림 등을 사용하여 그들이 자신의 감정을 이해하고 이야기하도록 도와줄 수도 있다.

슬픔이 정말로 어떤 것인지 설명하는 것이 도움이 될 수 있다. 이것은 그들이 자신의 경험을 정상으로 여기도록 도와준다. 어떤 사람들이 비정상적인 슬픔이라고 말하는 것이 사실은 정상적인 반응일 때도 많다. 2부 2장 139-140쪽에 나오는 예들은 모두 정상적인 슬픔의 증상들이다.

어떤 부모들은 십대 자녀들이 자신과 똑같이 다양한 감정들을 느끼고 있다는 것을 알고 깜짝 놀란다. 하지만 십대들의 경우 자신의 감정과 그 근원을 파악하고 특히 분노를 건설적인 방법으로 표현하기 위해서는 누군가의 도움이 필요하다.

3. 그들이 이해할 수 있게 질문에 답해 주라.

그들이 어리다는 것을 기억하라. 십대들은 아직 어른들이 이해할 수 있는 것을 이해하지 못한다. 또한 십대의 질문에 어른의 대답을 해준다면 잘 받아들이지 못할 것이다. 충격을 받거나 위기에 처해 있으면 사고 능력도 훨씬 더 줄어든다. 십대들이 물어볼 때는 그 질문에 대해 간단하고 구체적인 답을 주는 것이 중요하다. 어쨌든 답이 있다면 말이다. 때로는 우리가 할 수 있는 말이 "너를 위해 답을 해줄 수 있으면 좋겠다"라거나 "나도 이해가 되지 않는구나"라는 말밖에 없을 때도 있다.

4. 그들에게 창의적 표현의 기회를 주라.

자신의 감정을 말로 표현하기 어려워하는 십대들은 종이 위에 그림으로 표현하는 것이 더 쉬울 수도 있다. 그림은 감정적 고통을 누그러뜨리는 효율적인 방법 가운데 하나이다. 그들이 겪은 상실이 죽음이라면 그림을 그려 보는 것이 특히나 중요하다. 그들의 감정이 어떠한가를 실제로 보여 주기 때문이다. 이렇게 하면 그들이 이해심과 통제력을 갖는 데 큰 도움이 된다.

문장력이 좋은 십대들이라면 글이나 일기를 쓰는 것도 도움이 된다. 하지만 글쓰기를 좋아하지 않는다면 일어난 현실과 그것에 대한 자신의 환상을 종이 위에 표현하는 것이 더 쉬울 것이다. 고인이나 하나님께 편지를 쓰는 것도 도움이 될 수 있다. 그들의 편지를 큰소리로 읽고 그들이 쓴 글에 대해 이야기하도록 격려하되, 그들의 사생활을 존중해 주라. 그들의 필요를 나눌지 말지는 그들이 결정할 일이다. 어쩌면 당신과 이야기하는 것보다 페이스북이나 개인 블로그와 같은 소셜미디어 상에서 더 솔직하게 이야기를 나눌지도 모른다.

5. 슬픔에서 벗어날 기회들을 만들라.

십대들이 슬픔에서 벗어나 주기적으로 친구들과 어울리도록 격려하라. 십대 때는 다른 친구들과의 상호작용이 중요하다. 안전한 또래 집단 안에서 다양한 감정을 분출하는 것은 그들이 안정감을 되찾는 데 많은 도움이 된다. 또한 그들이 상실의 결과들을 이겨낼 힘이 있다고 느끼게 되어 그 사건에서 벗어나도록 해준다.[23]

그들이 즐거운 시간을 보내면 고인을 배신하는 것 같은 느낌이 들 수 있다. 하지만 상호작용은 정상적인 것이며 삶의 유익한 부분이다. 그리고 이 시간을 통해 원기를 회복할 수 있다. 또래들이나 어른들과 함께 시간을 보내고 교류하도록 격려하라. 한 가지 적절한 예를 말해 보겠다.

1960년대 초에 나는 교회에서 청년부 목사이자 교육 목사로 섬기고 있었다. 그때는 신학교를 갓 졸업한 터라 내가 제대로 잘 하고 있는지조차 확신이 없었다.

…해마다 여름이면 학생들을 데리고 아웃리치나 수련회를 갔다. 어느 해는 25명의 고등학생들을 데리고 며칠 동안 남 캘리포니아의 하이 시에라(High Sierras)에 갔다. 텐트를 치고 야영하며 자전거도 타고, 낚시도 하고, 이야기도 나누고, 함께 공부도 했다. 야영장 근처에 정말 어마어마하게 큰 암석층이 있었는데 높이가 300미터가 넘는 수정 바위 산(Crystal Crag)이었다. 깎아 지르는 암벽은 숙련된 등반가에게도 어려운 도전이었다.

어느 날 아침 남학생 두 명이(한 명은 최근에 졸업하여 해군 입대를 앞두고 있었다) 자신들의 힘으로 이 절벽을 올라가 보기로 했다. 그들은 다른 학생들이 일어나기 전에 벌써 출발했고 자신들의 계획을 아무에게도 알리지 않았다.

…두 사람이 어떻게 장비와 전문가의 도움 없이 바위 표면을 오를 수 있었는지는 지금도 알 수 없지만, 그들은 100미터 이상을 올라갔다. 하지만 120미터 정도 되는 지점에서 필(Phil)이 실족하여 아래로 떨어져 죽고 말았다. 몸의 모든 뼈가 부러졌다.

…나는 그날을 절대 잊을 수 없을 것이다. 우리는 모두 소그룹으로 모여 앉아 조용히 이야기를 나누었다. 모두들 너무 놀라서 아무 감각이 없었다. 그날 저녁 식사 시간이 되었는데, 정말 이

상하게도 몇몇 학생들이 농담을 하고 장난을 치며 웃기 시작했다. 우리 주변에 있던 다른 어른들은 그들의 반응이 불편했다. 그러나 나는 이것이 중압감에서 벗어나기 위한 그들만의 방법이었다는 걸 나중에서야 알게 되었다. 그것은 정상적인 반응이었다. 청소년들은 자신들의 슬픔 속으로 들어갔다 나왔다 하는 경향이 있기 때문이다. [24]

6. 당신의 기대를 잘 살펴라.

누구든지 십대들을 과잉보호하지 않도록 주의해야 한다. 그들이 상실에 대처하고 있을 때 잔소리를 하거나 그들 대신 결정을 내려 주는 것은 아무 도움이 되지 않는다. 가능하면 그들이 스스로 선택하는 법을 배우고 삶의 경험들을 통해 성장하게 하는 것이 좋다. 때로 부모가 지나치게 제한하거나 과잉보호를 하면 오히려 방해가 된다.

그러나 다른 한편에선 십대들의 나이에 맞지 않는 기대를 하기도 한다. 나는 부모나 다른 어른들이 십대 아이들에게 이렇게 말하는 것을 가끔씩 듣게 된다. "이제 책임이 더 무거워졌으니까 더 강한 사람이 되어야 할 거다." "당분간은 스포츠와 대학 진학을 보류해야 할 거야."

이것은 비현실적인 기대이자, 십대들에게 너무 많은 짐을 지우는 것이다. 이런 유의 메시지는 슬픔의 과정을 단축시켜 후일 부작용을 낳게 한다. 그들은 자기 나이에 맞는 책임만 떠안으면 된다.

7. 현실과 신화를 구분하도록 도우라.

종종 자기 자신에게 짜증이 날 것이다. 생각했던 것보다 슬픔이 더 오래가기 때문이다. 그들은 시간제한이 있다고 믿는다. 또한 아무도 자기들과 같은 감정을 느껴 본 사람이 없다고 생각한다. 그래서 친구들에게도 편하게 털어놓지 않는다. 이때는 자기 자신이나 다른 사람들에게 너무 많은 기대를 하지 말고, 또 누구나 자기에게 필요한 만큼 슬퍼하는 거라고 말해 주어야 한다. 친구들과 이야기를 나누도록 격려하라. 특히 비슷한 상실을 경험한 이들과 대화를 나누면 더 좋다. 다양한 연령의 사람들과 대화하다 보면 그들이 겪고 있는 일이 정상임을 알게 된다.

십대들이 자신들이 겪은 일들을 정상으로 생각하도록 도우려면 그들과 함께 정상적인 슬픔의 증상들(139-140쪽 참조)을 다시 살펴보라. 십대 자녀들과 함께 앉아서 정상적인 슬픔의 증상들을 같이 읽고 물어보라. "너는 어떤 증상들을 경험했니? 이 모든 것들이 다 정상이라는 구나."

8. 정직을 방침으로 정하라.

슬픔에 잠겨 있는 동안 그들은 어른들에게서 희망과 격려를 기대할지 모른다. 그들이 어른들에게 질문할 때는(부디 그러길 바란다) 진부한 이야기들을 늘어놓지 말고 대신 나쁜 일들이 일어날 때 왜 냐고 물어도 된다는 걸 알려 주어야 한다. 이 질문은 그냥 질문이 아 니다. 그것은 항변의 표시이기도 하다. 그들이 항변할 수 있도록 하 라. 시편 말씀에도 이런 항변들이 나오지 않는가. 당신이 모든 해답 을 갖고 있지 않다는 것, 그리고 그 질문에 답하지 못할 수도 있다는 것을 인정하라. 그러나 함께라면 이겨낼 수 있다. 어느 부모는 15 살 아들에게 이렇게 말했다. "네가 힘든 시간을 보내고 있다는 걸 알 아. 우리 모두 슬프고, 이 일이 일어나지 않았기를 바라는 마음 간절 하지. 지금 많은 변화들이 일어나고 있지만, 곧 안정이 될 거야. 언 젠가는 고통이 사라지겠지. 하지만 점차 사라지다가도 거듭 돌아오 곤 할 거야. 하지만 우리가 서로 돕고 사랑하면 언젠가 슬픔은 사라 질 거야."[25]

사랑하는 사람이 죽었다면, 그들이 죽음을 처음 경험한 것인 지 이야기를 나눠 보라. 처음이라면 그들이 상실을 이해하고 자신 의 감정을 정리하는 데 도움이 필요할 것이다. 그들의 반응에 특히 주의하고 예기치 못한 일이 일어날 것을 예상하라. 그들이 쉽게 이 해할 수 있는 단어와 구문을 사용하라(먼저 당신이 하려는 말을 다른 사람과 함께 연습해 보는 것도 도움이 된다). 그들이 말을 많이 하지 않는다고 해서 영향을 받지 않은 것은 아니다.

9. 그들 자신의 방식으로 대처하게 하라.

그들에게 어른처럼 반응하기를 기대하지 말라. 처음에 어떤 십대들은 속상해하거나 슬퍼하는 것처럼 보이지 않을 수도 있다. 심지어 죽은 사람을 잘 기억하지 못할 수도 있다. 그들의 슬픔을 해결하기 전에 먼저 고인과의 관계를 기억하도록 도움을 받아야 할지도 모른다. 사진과 비디오가 있다면 도움이 될 것이다. 함께 보낸 시간들을 회고하고 그 사람의 특징들을 되새겨 보는 것 또한 도움이 된다.

십대들이 종종 퇴행하는 이유는 슬퍼하는 법을 모르기 때문이다.[26] 중요한 것은 그들 모두가 자신의 속도로 그 과정을 지나게 하는 것이다. 어른들은 그들의 반응을 지켜보며 곁에 있어 주면 된다. 그들이 강한 감정을 표현하기 시작하면 막지 말고 격려해 주라. 큰 소리로 울거나 분노를 표출하거나 원망을 쏟아내게 하라. 소리를 지르며 발을 구르게 하라. 이 시간이 지나면 질문을 던지기 시작할 것이다. 당신 자신도 그 문제로 씨름하고 있더라도, 단순하고 솔직하게 답해 주라.

10. 두려움의 징후를 살펴라.

부모들은 두려움에 휩싸인 자녀에게 가족이 변함없이 곁에 있다는 것과 그들이 가족의 소중한 구성원이라는 것을 알려 주어야 한다. 십대들은 똑같은 질문을 여러 번 반복하는 경향이 있다. 지금 일어난 일과 그것이 그들의 삶에 미칠 영향을 이해하려고 할수록 질문도 더 격렬해질 것이다. 반복되는 질문에 사랑으로 대답해 주려면 많은 인내가 필요할 것이다.[27]

십대들은 이 상실이 그들의 삶에 어떤 영향을 끼칠 것인지를 생각하면서 다른 중요한 사람들이나 소중한 것들을 잃을 수 있다는 것을 인식하게 된다. 그들에게 중요한 것은 무엇이든 두려움의 대상이 될 수 있다. 가족들이나 학교 친구들, 교회, 애완동물, 일상생활, 활동, 다른 사랑하는 사람 등. 따라서 그들을 지속적으로, 일관되게 안심시켜 주어야 한다. 미래에 계획된 변화들이 있다면 그들과 미리 이야기를 나누어야 한다.

11. 평범한 일상생활을 계속해 나가도록 격려하라.

십대들이 가족 안에서 일상을 이어간다면 도움이 될 것이다. 일상은 안정감을 주며 늘 변함없는 것들이 있다는 것을 알게 해준다. 다시 말해 그들이 같은 상태에 머물기 위해 의지할 수 있는 것들이 있다는 것이다.

그러므로 우리가 해야 할 가장 실제적인 일들 가운데 하나는 그들이 자신을 보살피도록 격려하는 것이다. 충분한 휴식과 운동, 균형 잡힌 식사를 하게 하라.

분노와 우울증은
관계의 어려움에서 비롯된다

십대의 분노는 자연스러운 반응이다

십대들이 경험하는 상실이 죽음이든, 학교에서 생기는 문제이든, 남자 친구나 여자 친구와의 결별이든 간에, 거기에는 격렬한 감정이 뒤따르게 된다. 청소년기에 경험하는 상실에 대한 가장 일반적인 반응은 분노와 우울증이다.

부모들도 익히 알고 있듯이 십대들은 곧잘 화를 낸다. 선배들이 괴롭힐 수도 있고 학교 친구들이 험담을 하거나 놀릴 수도 있다. 선생님들이 "제발 그만 좀 해라! 대체 뭐가 문제니?"라고 말할지도 모른다. 다른 사람들은 당신 가정에서 일어난 죽음이나 상실에 대처하는 법을 알지 못한다. 만약 부모들이 "네가 친구들과 무슨 약속을 했는지는 상관 안 해. 숙제를 다 끝낼 때까지는 통화하지 마"라는 식으로 말한다면 십대들은 부모가 자신을 이해하지 못한다고 생각할 것이다. 그들은 자신이 누구인지, 혹은 어디로 가고 있는지 정확히 알지 못하며 어쩌면 스스로조차 통제하지 못한다는 혼란 속에 있을 수도 있다. 분노는 이 모든 것들에 대한 자연스러운 반응이다.

십대들이 분노를 표출하는 것을 보고 놀라지 말라. 그들의 분노는 이성적일 수도 있고 이성적이지 않을 수도 있다. 어떤 아이들은 자신의 모든 상실에 대해 책임을 떠안으려 한다. 반면 다른 아이들은 하나님을 향해 비난과 분노를 쏟아낸다. 그럴 때는 위협을 느끼기보다 편지 등을 통해 그들이 하나님을 향한 분노를 표현하도록 격려하라. 그러면 하나님과의 관계가 더 강해질 것이다. 그들의 분노는 때가 되면 가라앉을 것이다.

많은 부모들은 십대 자녀들이 분노할 때 자신이 뭘 할 수 있는지 알고 싶어 한다. 그러나 거기서 시작하면 안 된다. 십대들을 도울 수 있는 최적의 시기는 바로 그들이 화를 내기 전이다.

부모들이 할 수 있는 가장 유익한 일은 분노라는 감정을 정상으로 받아들이게 하는 것이다. 십대 자녀와 함께 감정에 대해 이야기를 나누라. 감정이 무엇이며 그것이 어디에서 오는지 이해하도록 도와주라. 감정은 좋거나 나쁜 것, 옳거나 틀린 것이 아니라는 것을 알게 해주라. 그들이 자신의 분노를 이해하게 될 때 부모들도 힘을 얻는다는 것을 알게 해주라. 이는 그들이 자신의 감정을 더 잘 이해하고 건강하게 다루는 법을 배워가고 있다는 뜻이다.

분노는 항상 다른 감정이나 복합적인 감정들에 대한 반응임을 명심하라. 많은 요인들이 분노를 일으킬 수 있다. 그러나 주된 원인은 상처와 좌절감, 두려움이다.

- 상처는 보통 과거에 일어난 일 때문에 생긴다. 그로 인해 우리는 앞으로도 계속 상처를 받게 될 거라고 느낀다. 매우 예민한 십대들은 특히 더 그렇다.
- 좌절감은 현재에 일어나는 감정이다. 우리는 이룰 수 없는 목표와 갈망, 충족되지 못한 기대들 때문에 좌절한다. 특히 십대들은 좌절을 일으키는 일들이 그다지 중요한 것이 아닌데도, 본인들은 굉장히 중요하다고 느낀다.
- 두려움은 미래에 초점을 둔 감정이다. 많은 사람들은 두려움을 취약성 및 약함과 연관 짓는다.
- 분노는 파괴적일 수도 있고 건설적일 수도 있다. 사람들이나

관계에 해를 끼칠 때는 파괴적이다. 반면 학교에서 더 열심히 공부하도록 동기를 부여하거나, 누가 진정한 친구인지를 알게 되거나, 괴롭히는 아이들을 비웃거나, 자신에 대한 농담을 웃으며 받아들이는 법을 배우고, 자신의 말을 듣기 원하는 부모나 선생님들과 의논하는 법을 배우는 것처럼 긍정적인 결과를 낳을 때는 건설적이다.

분노하는 십대들을 이해하라

십대들이 화를 낼 때 우리가 해야 할 중요한 일들이 있다.

1. 그들의 분노를 이해하라.

십대들은 부모가 공감해 준다고 느낄 때 더 많은 이야기를 털어놓을 것이다. 자신의 자녀가 평상시에 부끄러움이 많다면 더욱 그렇다. 겉으로 보기에 아이가 어떤 일로 화가 나 있는 것 같으면 다가가서 당신이 같은 편이라는 것을 보여 주어야 한다. 다음과 같이 말하라.

• 화가 난 것 같구나. 무슨 문제라도 있니?

- 뭔가 속상한 일이 있는 것 같은데, 맞니?
- 네가 그런 식으로 말할 때는 뭔가 문제가 있다는 거잖아. 무슨 일인지 얘기해 보지 않을래?
- 배고프지 않다는 게 무슨 뜻이야? 뭔가 화나는 일이 있는 거니?
- 뭔가 기분 나쁜 일이 있는 것 같구나. 잠시 앉아서 얘기 좀 할까? 아니면 마음이 좀 편안해지거든 나한테 쪽지를 써 보내.

십대 자녀가 당신에게 더 화가 나서 "내가 화가 났다고요?"라고 말한다면 이렇게 대답할 수 있다.

- 화난 것처럼 들려. 무슨 일이 있었기에 그렇게 화가 난 거야?
- 네 기분이 어떤지 알것 같아. 나도 가끔씩 화가 나니까. 나한테 얘기해 보렴.
- 얘기를 좀 하자. 뭐가 문제인지 말해 볼래?

자녀의 말이 마음에 안 들거나 그 아이가 잘못하고 있는 것 같더라도 부모로서 일단 들어 주어야 한다는 것을 명심하라. 모든 것을 바로잡으려고 하지 말라. 일단 말을 시작했으면, 당신이 먼저 분노의 원인과 그것에 대한 자녀의 생각을 이해하기 원한다는 것을 기억하라. 다음과 같이 말하라.

- 봐, 내가 널 위해 왔잖아. 정말 듣기만 할게. 그러니까 말해 봐.
- 네가 화내는 모습이 보기 안 좋구나. 무슨 일이야? 잘 생각해 보고 말할 준비가 되면 얘기해. 내가 들어 줄게.
- 날 믿고 무슨 일이 있었는지 말해 주겠니?
- 꼬치꼬치 캐묻고 싶진 않지만, 무슨 일이 있었는지 듣고 싶어.

2. 자신의 분노를 스스로 관리하도록 도와주라.

십대들은 분노를 관리하는 데 도움이 필요하다. 긍정적으로 생각해 보라. 지금 그들의 경험과 예전에 화가 났던 때를 연관 지어 그때 상황을 어떻게 성공적으로 다루었는지 얘기해 보라. 또 부모들은 화가 날 때 어떻게 대처하는지 그 방법들을 말해 주라.

- 네가 화를 내는 걸 나무라는 게 아냐. 나도 고교 시절이 싫었어. 어떻게 하면 상황을 더 악화시키지 않을 수 있을까?
- 저번에 네가 화가 났을 때 어떻게 이겨냈는지 기억하니? 어떤 방법이 효과가 있었지? 그때 기분이 어땠어?
- 나는 화가 날 때 이렇게 해. 그 방법이 도움이 될 지 모르겠다.
- 왜 화가 나는지 함께 분석해 보자. 원인은 무엇인지, 네가 뭘

할 수 있을지 생각해 봐.

• 화가 날 때는 이야기를 하는 게 좋아. 말하고 싶은 게 있으면 말해 봐.

• 화가 나는 내용을 적어 보고 그걸 큰소리로 읽으면 도움이 될 거야.

3. 분노를 생산적으로 바꾸도록 도와주라.

부모와 함께 십대 자녀들이 일단 분노를 이해했으면 그 분노를 긍정적인 것으로 바꾸도록 도와주어야 한다. 다음과 같이 말할 수 있다.

• 그런 일이 다시 일어나지 않으려면 뭘 해야 할까?

• 이 일들 중에 너한테 제일 잘 맞는 건 뭘까?

• 만약 네 여동생(또는 남동생)에게 이런 일이 생긴다면 어떻게 도와주겠니? 어떻게 조언해 줄 거야?

• 이런 상황에서 네가 통제할 수 있는 일과 없는 일은 뭘까?

• 다른 사람을 화나게 한 적이 있니? 어쩌다가 그렇게 되었어? 너는 왜 그랬던 것 같아? 그때 그 사람은 너에 대해 어떤 감정이 들었을까? 다시 그렇게 하고 싶니?

분노는 부정하지 말고 다스려야 한다

분노에 관한 성경 구절을 살펴보자. 분노에 관한 성경의 기본 주제는 그것이 삶의 일부분이라는 것이다. 그것은 부정할 것이 아니라 다스려야 하는 것이다.

에베소서 4장 26절은 "분을 내어도 죄를 짓지 말라"고 말한다. 이것은 (마가복음 3장 5절과 함께) 분노가 정당한 감정임을 보여 주는 구절 가운데 하나다. 이 구절에서 '분'이라는 단어는 지속적이고 안정적인 마음의 습관이자 어떤 상황 하에서 일어나는 분노를 뜻한다. 보복은 없다. 우리는 이러한 분노를 인식하며, 통제할 수 있다. 이러한 분노에는 타당한 이유가 있다. 판단력을 잃지 않으려면 지성이 감정을 다스려야 한다. "분을 내어도 죄를 짓지 말라." 이 말씀을 실천하기 위한 방법은 아마도 "노하기를 더디 하라"는 잠언 14장 29절과 16절 32절의 가르침일 것이다.

하나님의 말씀은 또한 분노를 억누르거나 참는 것에 대해서도 이야기한다. 여기서 "깊이 생각하고"는 "나 자신과 상의하고"라고 번역되기도 한다.

"노하기를 더디 하는 자는 크게 명철하여도 마음이 조급한 자는 어리석음을 나타내느니라"(잠 14:29).

"노하기를 더디 하는 것이 사람의 슬기요 허물을 용서하는 것이 자기의 영광이니라"(잠 19:11).

"내가 백성의 부르짖음과 이런 말을 듣고 크게 노하였으나 깊이 생각하고 귀족들과 민장들을 꾸짖어"(느 5:6-7).

십대의 우울증을 알아차리라

우울한 십대는 어떤 모습일까? 십대 자녀가 단지 어떤 일 때문에 슬퍼하는지 아니면 정신적으로 우울한 상태인지를 어떻게 알 수 있을까? 우선은 우울함과 슬픔의 차이를 이해해야 한다.[28] 슬픈 감정은 우울함만큼 심각하지 않다. 그렇게 오래가지도 않고, 일상생활에 지장을 주지도 않는다. 그런데 우울증은 우리의 기능을 50퍼센트 가까이 떨어뜨리고, 이런 기능 저하는 우울한 감정을 더 심화시킨다.

우울한 십대들은 공허감을 느낀다. 그들은 자기 내면의 공허함을 완전히 이해할 수 없지만, 무언가 잘못되었다는 것을 안다. 다음은 그들에게 나타날 수 있는 몇 가지 증상들이다(이런 증상들이 반드시 모두 나타나지 않을 수도 있다).

1. 우울한 십대들은 슬프거나 침울해 보인다. 이들의 무감각 또는 냉담함은 몇 가지 형태로 나타날 수 있다. 예전에는 잠시도 가만히 있지 못하는 것처럼 보였는데 이제는 어떤 활동에도 참여하지 않는다. 평상시에 즐겨 하던 일들을 하지 않으려 하고 그냥 혼자서 공상에 잠기는 걸 더 좋아한다. 이런 냉담함은 내적 스트레스의 증상일 수 있다.

2. 무기력해 보이고 지루해 하거나 종종 아파 보이기도 한다. 누워서 빈둥거리거나 목적 없이 여기저기, 혹은 이 방 저 방을 돌아다닌다.

3. 이들의 우울함은 신체적인 증상으로도 나타난다. 자주 두통, 복통, 어지러움, 불면증 등을 호소하고 식이장애와 수면장애도 있다. 이를 전문용어로는 우울삽화라고 부른다.

4. 불만스러운 얼굴을 하고 있고 삶에서 즐거움을 거의 느끼지 못하는 것처럼 보일 것이다.

5. 많은 이들이 거절당하고 사랑받지 못한다고 느낀다. 실망감을 느낄 것 같은 상황은 무조건 피하려고 한다. 거절당할 것 같은 두려움에 자신을 보호하려 하는 것이다.

6. 자신이 중요하지 않다고 느낀다. 방법이나 표현은 사람마다 다르다. 이런 무력감과 낮은 자존감은 다음과 같은 모습으로 나타날 것이다.

- 자신을 하찮게 여기기 때문에 클럽이나 스포츠 팀을 그만둔다(사람들이 나를 찾지 않을 거야).
- 거절당할 것 같은 두려움 때문에 사람들에게 다가가 도움을 주지 못한다(그 애는 나를 실패자라고 생각할 거야).
- 자신이 무가치하다고 느끼기 때문에 애정을 거부한다(그 애는 정말로 나를 사랑할 수 없어).
- 규칙을 따르면 실패할 거라고 생각하기 때문에 일부러 규칙을 어긴다(사람들은 나한테 너무 많은 것을 기대하고 있어. 내가 실패하는 걸 바라지 않을 거야).
- 실수나 실패를 바로잡을 수 있다는 것을 인정하지 않는다(나는 결코 제대로 하지 못할 거야).
- 체면을 세우기 위해 실수나 실패를 인정하지 않는다(왜 나는 항상 패배할까?).
- 배움의 필요성을 거부한다(내가 그걸 안다고 해서 뭐가 달라져?).
- 다른 사람들과 나누려 하지 않는다(나는 좀처럼 가치 있는 것을 얻지 못하잖아. 그런데 왜 내가 그걸 나눠 줘야 해? 나 혼자만 가질 거야).
- 도움을 줄 수 있는 영적 교훈들을 거부한다(하나님이 사랑의 하나님이라면 이런 일이 일어나지 않았을 거야. 난 하나님을 안 믿어).[29]

7. 우울증에 빠진 십대들은 말을 할 때 자기 자신과 삶의 모든

일에 대해 부정적이다. 그들은 사실에 근거하기보다 자신의 부정적인 사고방식에 근거하여 결론을 내린다. 이것은 그들의 우울한 감정을 더 심화시킨다.

8. 우울한 십대들은 평소보다 더 좌절하고 과민한 모습을 보일 것이다. 목표에 도달하지 못하면 특히나 자신을 심하게 몰아붙이고, 자신의 능력과 가치를 폄하한다.

9. 우울한 십대들은 다른 이들로부터 위로와 지지를 기대한다. 그러나 정작 그것을 받게 되면 거부한다.

10. 어떤 십대들은 익살을 부리고 이상한 행동을 함으로써 자신의 절망감을 감추려 한다. 도발적인 십대들은 위로와 지지가 필요한 것처럼 보이지 않기 때문에 우울증이 발견되지 않을 수 있다.

11. 어떤 이들은 우울할 때 급격한 기분 변화를 보인다. 한때는 굉장히 들떠 보이다가 갑자기 절망의 구덩이에 빠지는 것이다. 이러한 십대들은 자신이 잘하고 열심히 노력하면 삶이 그들의 편으로 돌아설 거라고 믿는 경향이 있다.

12. 우울한 청소년들은 가족의 희생양이 될 수 있다. 부모들은 그들의 비뚤어진 행동에 분노하며 '문제아'라는 낙인을 찍을 것이다. 이 낙인이 찍히면 우울증은 계속되고 그들은 문제아라는 정의에 맞추어 생활하기 시작할 것이다.

13. 그들은 수동적이고 지나치게 의존적이며 부모가 자신들의

필요를 당연히 알고 있다고 생각하는 경향이 있다. 그러나 그들의 생각을 모두 읽는 것은 불가능하기 때문에 그들의 필요는 충족되지 못한다. 그들은 화가 나서 수동-공격적으로 반응하게 될 것이다.

14. 우울한 십대들은 지나치게 예민하고 자신에게 가혹하며 자기 비판적인 경향이 있다. 그들은 스스로 불합리한 목표를 세우고 그 목표에 도달하지 못하면 자신을 비난한다.

15. 일부 우울한 십대들은 퇴행을 하거나(옛날에 하던 유치한 행동을 한다) 자신의 우울한 기분을 극복하기 위해 강박적으로 변한다.

십대 우울증의 원인은 관계의 어려움에서 비롯된다

많은 십대들이 우울증을 경험하는 이유는 다른 사람들과의 관계가 어렵기 때문이다. 대부분의 십대들이 갖고 있는 가장 강력한 필요는 바로 소속감이다. 곧 가족이나 또래집단 등 사회적 그룹의 일부가 되는 것이다. 긍정적인 관계 형성에 문제가 있는 청소년들은 위기에 처하면 점점 더 우울해질 수 있다.

우울증은 굉장히 충격적인 어떤 사건의 결과로도 발발할 수 있다. 그런 경우 종종 우울한 감정은 오래가지 않는다. 우울증도 호전될 수 있다. 반면 트라우마 증상들은 없어지지 않는다. 다음과 같은 상황들은 어른들에게는 별 문제가 되지 않지만 십대들에게는 일시적인 우울증의 원인이 될 수 있다.

- 시험을 망치거나 낙제를 했을 때
- 바라던 지위에 오르지 못했을 때
- 팀 스포츠나 체조 같은 조직적 활동에서 저조한 실력을 나타내거나 팀에서 제명될 때
- 같이 놀 사람을 찾을 수 없을 때
- 꾸중을 듣거나 벌을 받을 때
- 부모나 형제자매, 또는 친구와 말다툼을 했을 때
- 좋아하는 물건이나 애완동물을 잃었을 때
- 요청을 거절당할 때
- 사춘기에 접어들 때
- 이사를 가거나 친구들을 잃게 되었을 때
- 너무나 원했던 목표를 이루지 못했을 때

우울한 십대를 돕기 위한 11가지 방법

대부분의 부모들은 우울한 십대 자녀를 위해 뭘 해야 할지 모

른다. 우울해 하는 자녀를 위해 무슨 말을 해줄 수 있겠는가?

13살 케이티(Katy)는 툭하면 울음을 터뜨린다. 그리고 늘 자기 자신에 대해 부정적으로 말한다. 못생겼다(전혀 사실과 다르다), 다른 사람들이 자기를 좋아하지 않는다(친구들이 매일같이 전화를 한다), 뭐 하나 제대로 하는 게 없다(전과목 A를 받는 모범생이다)는 얘기를 자주 한다. 이런 상태가 한 달 동안 계속되었다. 부모가 따스한 말이나 행동으로 위로와 격려를 해도 아이는 더 나빠지는 것 같았다. 케이티의 부모는 그녀에게 무슨 말을 해줄 수 있을까? 어떻게 하면 케이티가 이 시간을 이겨내도록 도와줄까?

우선은 부모들이 케이티를 좋아하고 있고, 함께 있기 원하고, 언제든지 도와줄 수 있다고 얘기하는 것에서 출발할 수 있겠다. 자녀를 있는 그대로 받아들인다는 뜻을 전달하는 것 또한 중요하다. 신체적인 접촉으로도 치유가 이루어진다. 자녀의 어깨를 팔로 감싸거나, 등을 토닥거려 주거나, 손을 꼭 잡아 주는 것만으로도 위로와 포용을 전달할 수 있다. 하지만 반드시 솔직하게 말해 주어야 한다. "나는 사실 네가 겪고 있는 일들을 모두 이해할 수 없어. 그렇지만 이해하려고 노력하고 있고, 널 도와주러 왔어."

우울증의 문제를 이해하고 제대로 다루도록 하기 위해 몇 가지 실제적인 제안을 하려 한다. 이 제안들을 얼마나 꼼꼼히 따를지는 우울증의 강도와 기간에 따라 달라질 것이다. 자녀들이 단기 우울증을 겪고 있고 여전히 정상적인 활동을 하고 있다면 몇몇은 필요하지 않을 것이다. 그러나 우울증이 상당히 오래 지속되었고 자녀가 먹지 못하거나 잠을 못자거나 정상적인 생활을 하지 못한다면 더 많은 지침들을 적용해야 할 것이다.

1. 자녀가 우울한 감정을 표현하는 법을 배우도록 도와주라.

우리가 명심해야 할 것은 우울증이 생각과 감정을 다스릴 수 있는 능력을 앗아간다는 사실이다. 십대 자녀가 멍하니 한곳을 쳐다보고 있거나, 인사를 무시하거나, 당신을 외면한다면 그 아이가 그렇게 행동하고 싶어서 그러는 게 아니라는 것을 기억해야 한다. 그들은 당신을 괴롭히려고 그러는 것이 아니다. 심한 우울증에 빠진 십대들은 자기 자신을 제어할 수가 없다. 마치 제자리에서 25바퀴를 돈 다음에 일직선으로 걸어가는 것과 마찬가지다.

그들이 자신의 감정에 대해 이야기하기 시작할 때 따라야 할 몇 가지 중요한 지침들이 있다.

- 비언어적 표현들을 통해 그들의 말에 진심으로 귀 기울이고 있다는 것을 보여 주어야 한다. 자녀들에게 온전히 집중하는 데 방해가 될 만한 것은 모두 피하라.
- 질문을 통해 그들로부터 정보를 모으라. 그들이 도움을 받아

들일 준비가 될 때까지 당신의 의견이나 지식이나 조언을 말하지 말라.

- 당신 자신의 감정을 다스려라. 그것은 십대 자녀가 마음의 평정을 유지하도록 도와줄 것이다. 이때 힘 싸움을 하면 그들의 감정을 더 악화시킬 뿐이다.

- 쉼 없이 말을 이어가려고 하지 말라. 침묵이 흐르는 동안 그들이 자신의 생각을 정리할 수도 있다.

- 자녀들의 비언어적 표현들을 잘 살펴라. 그들의 말 뒤에 숨겨진 감정을 찾아내라.

- 다른 의견을 허용해 주라. 그들의 관점이 부모의 관점과 다를 수도 있다.[30]

2. 자살 가능성에 주의하라.

우울한 십대 자녀를 둔 가정은 자살 가능성을 의식하고 있어야 한다. 조금 충격적인 말로 들릴지 모르지만, 조금이라도 자살의 낌새가 보이면 심각하게 다루어야 한다. 불행히도 자살률은 증가하고 있고 미래에 대해 아무 소망이 없는 십대들은 매우 위험한 상황에 내몰릴 수 있다. 그들이 자살 충동이나 계획에 대해 표현할 수 있다면 그것을 공공연하게 털어놓도록 도와주고 할 수 있는 지원과 도움을 주도록 하라.

3. 의사와 상담하라.

어떤 육체적인 문제들이 우울함을 일으킬 수 있다. 십대 자녀가 장기적으로 우울증을 앓고 있다면 의사와 상담하여 가능한 원인과 치료법을 찾아보는 것이 중요하다.

4. 지지하고 조정해 주라.

십대 자녀가 우울증에 빠졌을 때는 온 가족이 그것을 인지하고 코치를 받을 필요가 있다. 다시 정상으로 돌아올 때까지는 모두들 다툼과 비난을 피하고 비현실적인 기대를 갖지 말도록 당부하라. 안정감을 되찾을 때까지 대립이나 강한 징계를 멈추어야 한다.

5. 우울증에 빠진 십대 자녀를 피하지 말라.

우울한 십대들을 피하는 것은 그들을 더 고립시키고 문제를 악화시키는 것이다. 마치 당신에게 우울증에 대한 책임이 있는 것처럼 죄책감을 갖지 말라.

6. 우울한 십대는 아픈 아이라는 것을 기억하라.

우울해하는 십대에게 "정신 차려"라고 말하지 말라. 그리고 단순한 해답을 제시하지 말라("기도해." "성경을 좀 더 읽어"). 또한 절대로 당신의 자녀가 우울증을 핑계로 동정을 사려 한다는 뜻을 내비치지 말라. 하나님에 대한 믿음이 부족하다고 나무라지도 말라.

7. 십대 자녀를 동정하기보다는 공감해 주라.

공감은 자녀와 함께 느끼는 감정이다. 마치 그 아이와 함께 운전석에 앉아 있는 것처럼 똑같은 것을 느끼고 감지하는 것이다.

하나님의 말씀을 실천하는 것이기도 하다. "너희가 짐을 서로 지라 그리하여 그리스도의 법을 성취하라"(갈 6:2). "즐거워하는 자들과 함께 즐거워하고 우는 자들과 함께 울라"(롬 12:15).

동정(불쌍한 것!)은 절망감만 더할 뿐이다. 당신이 우울증을 겪었거나 장기간 실망감이나 상실감에 빠졌던 적이 있다면 그것을 이야기해 주라.

8. 십대 자녀의 자존감을 다시 세워 주라.

부모들이 취할 수 있는 가장 중요한 행동 가운데 하나는 자녀가 자존감을 세우도록 도와주는 것이다. 우울증에 걸리면 대개 자존감이 약해진다. 우울한 십대들은 하나님의 피조물로서 자신의 가치와 그들을 향한 하나님의 사랑의 크기를 이해하지 못한다. 그렇기 때문에 사람들의 사랑도 모두 의심한다.

9. 십대 자녀의 식습관에 유의하라.

우울한 십대는 식욕이 없을 것이다. 하지만 영양 섭취는 여전히 중요하다. 그렇다고 계속 잔소리를 하거나 죄책감을 갖게 해서 억지로 먹게 하거나 또 다른 문제를 만들지 말라. 그냥 영양가 있는 음식을 주기만 하면 된다.

10. 자녀가 신체적으로 바쁘게 움직이게 하라.

심한 우울증에 빠진 십대에게는 정신적인 활동보다 신체 활동이 더 도움이 된다. 다른 사람들을 피하거나, 평상시에 하던 활동들을 중단하거나, 잘 먹지 않거나, 친구들에게 상처를 주는 등의 행위는 우울증을 더 심화시킬 것이다. 저항에 부딪히더라도 책임지고 활동 계획을 짜서 참여하도록 해야 할 것이다.

11. 자신감이 없다는 이유로 놀리거나 비하해서는 안 된다.

십대 자녀의 낮은 자존감을 떠벌리거나 무시하지 말라. 그것은 일반적인 우울증의 문제이며 우리가 직면해야 하는 것이다. 자녀의 자기 연민에 대해 왈가왈부하거나 거기에 끼려고 하지 말고, 그들의 자기 폄하가 타당성이 없다는 것을 보여 주라.

4. 통제 대신 자녀와 소통하라

자녀들이 스스로 변하도록
선택하게 하라

당신의 자녀에게 무슨 일이 일어나든 간에 당신은 부모로서 그 아이와 친밀한 관계를 유지해야 한다. 그 관계에는 일련의 규칙들을 통한 지도가 포함된다.

당신은 십대 자녀에게 어떻게 한계를 정해 주는가? 정말로 일련의 규칙들이 필요한가? 규칙은 둘 다에게 필요하다. 부모의 역할은 안내하고 지도하는 것이다. 다시 말해 십대 자녀가 제 역할을 하도록 도와주고 체계를 제공해 주는 것이다. 자녀에겐 부모의 양육이 필요하고, 그 양육에는 규칙들이 포함된다. 때로는 십대 자녀들이 힘들어할 때 부모들이 너무 많은 자유를 주거나 예전에 정한 규칙들을 보강하지 않는 경향이 있다. 하지만 규칙과 한계는 청소년들이 안정감을 느끼는 데 매우 중요하다. 보기에는 그들이 규칙을 좋아하지 않거나 규칙을 어기는 것 같아도, 이는 반드시 필요한 것이다.[31]

규칙의 4가지 기본 원리

십대 자녀에게 어떤 규칙들을 정해 주든 간에 반드시 네 가지 기본 원리를 따라야 한다.

1. 규칙은 정의할 수 있어야 한다.

규칙이 명확하면 십대들이 그것을 어겼을 때 곧바로 알 수 있다. 반드시 구체적으로 제시하여 모든 당사자들이 규칙의 실제적인 의미를 알 수 있어야 한다.

어떤 부모들은 충분히 명쾌하게 설명하지 않은 채 자녀들이 부모의 마음을 읽어 주기를 기대한다. 많은 부모들이 이렇게 말한다. "당연히 그 아이는 제 의도가 무엇인지 알아야지요." 딸아이에게 방 청소를 하기 전에는 외출할 수 없다고 말하는 것은 분명한 것 같지만 명확하게 정의된 규칙이 아니다. 무엇을 기대하는지(먼지 털기? 정리 정돈? 진공청소기?) 구체적으로 말해 주지 않았기 때문이다.

2. 규칙은 타당해야 한다.

어떤 규칙이든 실제로 십대 자녀에게 좀 더 편안한 분위기를 만들어 주어야 한다. 그들은 규칙을 따를 때 정상적이고 꼭 필요한 일을 수행하고 있는 것이다. 십대들이 부모가 정한 규칙들을 잘 따를 수 있도록 하라.

3. 규칙은 집행할 수 있어야 한다.

규칙을 정할 때마다 그것을 어기게 될 것을 예상해야 한다. 대부분의 십대들은 규칙을 시험하고 싶어 한다. 부모가 일관성 있게 규칙을 시행할 수 없다면 자녀들이 그것을 따를 거라고 기대할 수 없다. 어떤 규칙을 집행할 수 있는지 없는지 어떻게 알 수 있을까? 자녀들이 규칙을 어길 때마다 다른 사람의 증언에 의존하지 않고도 그것을 알 수 있는지 판단해 보라. 규칙을 어겼는지의 여부를 쉽게 알 수 있어야 한다.

4. 규칙은 내적 가치와 자제력을 키우는 데 도움을 줄 수 있어

야 한다.

규칙은 결국 십대 자녀가 독립적이고 책임감 있는 사람이 되도록 도와줄 것이다. 그 규칙은 십대 자녀와 다른 사람들에게 유익할 뿐만 아니라 부모에게도 유익이 되어야 한다.

십대들이 스스로 변하게 하라

어떻게 하면 부모가 청소년기의 자녀들을 통제하지 않고도 그들이 말썽을 피우지 않도록 할까? 다음 제안들을 생각해 보라.

1. 정기적인 가족 대화 시간을 정한다.

저녁식사를 할 때나 차를 타고 학교에 오가는 동안, 저녁식사 후 산책을 하면서 또는 언제든지 대화의 패턴을 정할 수 있을 것이다. 그것은 십대 자녀들이 필요를 느낄 때마다 언제든지 대화를 나눌 수 있다는 뜻이기도 하다.

2. 자녀들의 생각이 어떤지 듣기 원한다는 것을 알게 하라.

이것은 부모들이 관련 주제에 대한 자신의 의견이나 전문 지식을 이야기하지 말아야 할 때가 있을 수 있다는 뜻이다. 그들의 어떤 생각들은 틀렸다고 여길지도 모른다(당신과 똑같이 생각하는 부분도 있을 것이다). '잘못된 생각들을 바로잡고' 싶은 마음도 들 것이다. 하지만 그들이 비난당할 것을 걱정하지 않고 자신의 생각을 표현할 수 있게 해야 한다. 그렇지 않으면 아무 말도 하지 않게 될 것이다.

십대 자녀들이 자신과 상반되는 견해를 갖고 있을 때 침묵하기란 어려운 일이다. 대부분의 부모들은 십대들이 부모의 생각과 의견을 받아들이기 원한다. 하지만 사고 능력을 기르려면 그들 스스로 생각과 신념들을 분석하는 법을 배워야 한다. 어느 쪽이든 서로의 말에 동의하지 않을 수 있고, 반대 의견을 주장할 권리가 있다. 하지만 두 사람 다 차분하게, 적당한 어조로, 서로에게 예의를 지키며 자기 의견을 말해야 한다.

3. 행동은 제한하되 의견은 제한하지 말라.

이것은 부모들이 실행하기 가장 어려운 지침이라 몹시 위협감을 느끼게 될 것이다. 적절한 예의를 갖추고 의견을 자유롭게 표현하는 것은 가족이 정할 수 있는 가장 건강한 목표 중 하나이다. 그러한 노력으로 온 가족이 서로 경청하는 법을 배우는 분위기가 조성될 것이다.

4. 항상 십대 자녀들을 격려하라

우리는 모두 격려 받을 필요가 있다. 우리가 잘하고 있다는 것, 우리가 중요한 사람이라는 것, 그리고 우리의 노력이(결과는 항상 그렇지 않지만) 인정받고 있다는 것을 알아야 한다. 그들을 한 개인으로서 있는 그대로 긍정해 주라.

5. 자기가 하는 일에 책임을 지게 하라.

십대들이 자신의 행동에 대해 남의 탓을 하지 않도록 하라. 어느 날 밤 17세 아들이 데이트를 하러 나갔다가 약속된 시간보다 한 시간 이상 늦게 들어왔다. 그의 부모는 둘 다 자지 않고 깨어 있다가 아들이 들어오자 궁금한 표정으로 그를 쳐다보았다. 아들이 입을 열었다. "늦어서 죄송해요. 그 멍청한 차에 기름이 떨어졌지 뭐예요." 그러나 그는 도중에 말을 멈추고 씩 웃으며 다시 말했다. "아니오. 제가 미리 차에 기름을 넣어 두지 않아서 늦었어요. 그러니까 제가 범인이죠." 부모는 엷은 미소를 지었다. "그렇게 말해 주니 고맙구나." 그리고 더 이상 아무 말도 하지 않았다. 다음엔 차에 기름을 꼭 넣어 두라고 말할 필요도 없다. 직접 경험을 통해 알게 됐으니 말이다.

6. 일의 결과를 받아들일 줄 알도록 하라.

십대들이 자기 행동으로 인한 논리적이고 자연적인 결과들을 직접 경험하게 하라. 이것은 정직하고 실제적인 배움의 상황을 만들어 주는 것이다.

내 친구가 사용한 방법이 있는데 그것은 데이트중인 다른 십대 자녀들에게도 효과가 있었다고 한다. 그것은 아이들이 데이트를 하러 나갈 때 부모와 함께 귀가 시간을 정하고 지키지 못했을 시 다음 번 외출 시간을 차감하는 방법이다. 내 친구의 딸아이는 16세 때는 밤 11시, 17세 때는 11시 30분, 18세 때는 12시까지 들어와야 했다. 몇몇 특별한 때는 예외를 두기도 했다. 딸아이는 30분 늦게 들어올 때마다 다음 데이트 때 더 일찍 들어와서 그 30분을 만회해야 한다는 걸 알고 있었다. 5분이 됐든 1시간이 됐든 상관없이 무조건 다음 데이트 때 그 시간을 만회해야 했다. 거기에 대해선 거의 말이 필요 없었다. 정해진 규칙에는 자연스러운 결과가 따랐고 모두가 그것을 알고 있었기 때문이다.

7. 앞에서 제안했던 것처럼 십대 자녀들이 선택하게 하라.

"존, 어떻게 했으면 좋겠니? 오늘 저녁에 짐의 집에 가서 네 차를 손보고 내일 밤에 창고 문을 고치든지, 아니면 그 반대로 하든지. 네 결정에 따를게." 부모가 자녀에게 몇 가지 선택권을 주면서 다가간다면 일어날 수 있는 많은 갈등들이 완화될 수 있다. 때로는 자녀가 새로운 선택 사항을 제시할 것이고, 그것도 유효한 가능성이 될 수 있다.

대화를 위한 질문들³²

십대 자녀와의 대화를 향상시키기 위해 다음 질문들을 사용할 수 있다. 자녀들이 대답을 하면 반드시 잘 들어 주어야 한다. 그들의 말이나 믿음에 동의하지 않더라도 곧장 반박하거나 바로잡으려 하지 말라. 그러면 다음부터는 아예 대답을 안 할지도 모른다.

자녀가 부모에게 같은 질문에 대해 어떻게 생각하느냐고 물을 경우, 대답의 길이를 그들의 대답에 맞추도록 하라. 이때는 강의를 하거나 한바탕 잔소리를 늘어놓는 시간이 아니다.

일상의 대화 속에서 이 질문들을 해보라. 때로 부모는 자신들이 십대 자녀의 생각을 다 알고 있다고 생각한다. 그러지 말고 그들에게 물어보고 직접 대답하게 하라. 그들의 생각을 듣다 보면 깜짝 놀랄 수도 있을 것이다.

1. 네 절친의 모습 중에서 마음에 드는 면은 뭐니?
2. 만약 어디든지 가서 살 수 있다면 어디서 살고 싶어?
3. 하루 중에 가장 좋았던 때는 언제였어? 가장 나빴던 때는?

4. 네 선생님이 달라졌으면 하는 부분은 무엇이니?

5. 우리 집에서 한 가지를 바꿀 수 있다면 뭘 바꾸고 싶니?

6. 하나님께 세 가지 질문을 할 수 있다면 뭐라고 할 거야?

7. 어떤 글을 읽을 때 머릿속에서 그 장면을 그려 보니, 아니면 단어에 집중하니?

8. 최근 5년 동안 가장 기억에 남는 건 뭐니?

9. 앞으로 5년 후에는 뭘 하고 싶니?

10. 어떻게 하면 다른 사람들과 편하게 대화할 수 있을까?

11. 오늘 본 시험 문제 중에 2가지만 말해 볼래?

12. 학교에서 가장 화나는 일은 뭐니?

13. 집에서 가장 화나는 일은 뭐니?

14. 교회에서 네가 가장 좋아하는 것과 싫어하는 것은 뭐니?

15. 네 외모 중에서 가장 마음에 드는 점은 뭐니?

16. 네 외모 중에서 가장 마음에 안 드는 점은 뭐니?

17. 대부분의 사람들은 걱정거리가 있지. 네 걱정은 뭐니?

18. 너희 학교에서는 약한 아이를 괴롭히는 일이 자주 있는 편이니?

19. 어떤 종류의 옷을 입고 싶니?

20. 네 조언이 필요한데 _____에 대해 넌 어떻게 생각하니?

21. 내가 어떻게 하면 우리가 서로 더 좋은 대화를 나눌 수 있겠

니?

22. 네가 잠자리에 드는 시간(또는 귀가 시간)에 대해 어떻게 생각하니?

23. 나의 첫 데이트에 대해 얘기해 줬니?

24. 나의 첫 키스에 대해 얘기해 줬니?

25. 내가 교장실로 불려갔던 적이 있다고 얘기했었니?

26. 어떤 사람이 죽었다는 얘길 들으면 무슨 생각이 드니?

27. 세계 무역 센터 하면 뭐가 떠오르니?

28. 친구의 부모님이 이혼한다는 얘길 들으면 무슨 생각이 드니?

29. 오늘 예수님이 무엇을 해주시면 좋겠니?

30. 술을 마시는 것에 대해 어떻게 생각하니?

31. 네 친구들이 술을 마시는 가장 큰 이유는 뭐래?

32. 너희 학교에 마약을 하는 아이들이 많이 있는 것 같니?

33. 네가 성공하면 어떨 것 같니?

34. 네가 실패했을 땐 어떨 것 같니?

35. 네가 실패했을 때 우리가 어떻게 해주면 좋겠어?

36. 말로 표현하기 가장 어려운 감정은 뭐니?

37. 다른 사람들이 동성애자를 대하는 모습을 보면 어떤 생각이 드니?

38. 인터넷의 가장 좋은 점은 뭘까?

39. 네가 인터넷에서 본 것 중에 제일 나쁜 것은 뭐였니?

40. 악기를 연주할 수 있다면(또는 추가로) 무슨 악기를 배우고 싶니?

41. 어떤 식으로 친구들에게서 압력을 느끼니?

42. TV, 영화, 그리고 인터넷에 성에 관한 내용이 많이 나오지. 너는 미디어 속의 성에 대해 어떻게 생각하니?

43. 네 목사님(또는 청소년 지도자)에 대해 가장 고마운 점은 뭐니?

44. 네 목사님(또는 청소년 지도자)에 대해 불만족스러운 점은?

45. 네 인생의 영웅은 누구라고 말할 거니?

46. 네가 운전을 하게 된다면 가장 큰 걱정은 뭘까?

47. 흡연에 대해 어떻게 생각하니?

48. 담배를 피우거나 피우지 않는 이유는 뭐니?

49. 너에게 가장 스트레스를 주는 것이 뭔지 알고 있니?

50. 올해 너에게 일어난 가장 좋은 일은 뭐였니?

51. 바디 피어싱을 많이 한 사람을 보면 어떤 생각이 드니?

52. 문신을 하는 것에 대해 생각해 본 적 있니?

53. 문신이나 피어싱을 한 친구들에게 그것을 하기 전과 후의 경험에 대해 물어본 적 있니?

54. 우리 중 한 사람에게 네가 묻고 싶은 질문을 뭐든지 할 수 있다면 무슨 질문을 하고 싶어?

이 질문들에 대해 이야기를 나누는 것이 인생에서 어려운 시기를 만날 때 당신의 자녀에게 큰 도움이 될 것이다.

폭풍 후에는 무지개가 있다

청소년기는 종종 폭풍우가 몰아치는 때다. 폭풍우는 여러 가지 강도로 온다. 어떤 폭풍우는 천둥번개를 동반한 아주 극적인 사건일 수도 있다. 십대 자녀가 집을 나가거나, 마약이나 술에 손을 대거나, 성적으로 문란한 생활을 하거나, 사이비종교에 빠지거나, 성적 성향이 바뀌거나 하는 일들이다.[33] 또는 우리가 걱정하는 일이 천천히, 꾸준히 내리는 비와 더 비슷할지도 모른다. 부모가 십대 자녀의 삶을 위해 매우 공들여서 놓은 기초를 그 비가 조금씩 침식시키는 것이다. 학교에서 노력이 부족한 모습이 지속된다거나, 교회 활동에 참여할 마음이 없다거나, 게으름뱅이 친구들을 더 좋아하는 것 등이다. 어떤 경우든 결과는 같다. 부모의 속마음이 산산이 부서지는 것이다.

십대인 자녀가 탕자일 수도 있다. 유쾌한 용어는 아니어서 어쩌면 기분이 상하고 가슴이 철렁 내려앉을 것이다. 그것은 낭비하는 사람들에게 붙이는 꼬리표다. 하지만 일부 십대들이 낭비하는 것이 돈만은 아니다. 부모가 심어 주려고 애써온 가치 체계가 될 수도 있고, 그들의 잠재력, 능력, 건강, 어쩌면 그들의 삶일 수도 있다. 그것을 지켜보는 부모들은 애가 타지만, 실제로 많은 경우 본인들은 별로 개의치 않는다. 십대들이 탕자가 될 때 그들의 꿈도 흐릿해진다. 때로는 그냥 손상되는 정도가 아니라 산산조각 나 버리기도 한다. 어떤 꿈들은 불 속에서 타는 석탄처럼 미약하게 생명을 이어 가지만 어떤 꿈들은 아예 죽어 버린다. 어떤 것이 가장 힘든지는 분간하기 어렵다.

이럴 때는 아마도 자신의 삶을 훼방하는 폭풍우에서 벗어나고 싶을 것이다. 하지만 실제 폭풍우나 눈보라처럼 이 역시 언제 그칠지 알 수 있는 방법이 없다. 폭풍우는 자연의 한 부분이자 우리 삶의 한 부분이기도 하다. 그렇지만 희망이 있다. 어떤 사람이 이렇게 말하는 걸 들었다. "천둥이나 번개가 칠 때는 나중에 떠오를 무지개를 기대하라."

성경에서 처음 무지개를 본 세 사람 중 한 명은 노아다. 그는 오랜 시간 폭풍우가 몰아친 후에 마침내 무지개를 보았다. 그처럼 당신도 어느 훗날 무지개를 다시 볼 날이 있을 것이다.

에스겔은 폭풍우 한가운데서 무지개를 보았다. 그는 다른 유대인들과 함께 바벨론으로 추방당했고 예루살렘과 성전도 곧 무너질 상황이었지만 무지개를 통해 하나님이 여전히 그곳에 계신다는 걸 알았다. 폭풍우를 무시할 순 없지만 무지개 역시 그곳에 있다.

요한계시록 4장에서 요한은 폭풍우가 몰아치기 전에 무지개를 보았다. 그는 반원 모양이 아니라 완전한 원 모양의 무지개를 보았다. 그것은 하나님이 폭풍우가 치는 동안과 전후에도 언제나 다스리고 계신다는 것을 의미한다.

마지막으로 인생에서 많은 폭풍우를 경험했던 어느 은퇴한 선교사의 메시지를 들려주고자 한다.

여러분과 나는 하늘로 불려 올라갈 때까지 여러 차례 폭풍우를 경험할 것입니다. 그러고 나서 모든 폭풍우가 그칠 것입니다. 폭풍우가 올 것을 예상하고 두려워하지 마십시오. 하나님은 언제나 신실하시기 때문입니다. 오늘 우리를 향한 하나님의 메시지를 기억합시다. '항상 무지개를 바라보라.' 하나님의 신실하심을 의지하십시오. 하나님은 여러분에게 때로는 폭풍우 후에, 때로는 폭풍우가 몰아치는 동안, 때로는 폭풍우 전에 무지개를 보여 주실 것입니다. 그러나 절대 여러분을 실망시키지 않으실 겁니다.[34]

주

----- PART 1 -----

1. *No One*, 1970, by Linda Rich. Used by permission(Intervarsity Christian Fellowhip of the USA).

2. Judith Viorst, *Necessary Losses : The Loves, Illusions, Dependencies, and Impossible Expectations That All of Us Have to Give Up in Order to Grow* (New York : Simon and Schuster, 1986).

3. 꿈과 정체성에 대해 더 알고 싶으면 다음 책을 참고하라. R. Scott Sullender, *Losses in Later Life : A New Way of Walking with God* (New York : Paulist Press, 1989).

4. Jan Congo, *Free to Be God's Woman : Building a Solid Foundation for a Healthy Self-Image* (Ventura, CA : Regal Books, 1988), p. 27.

5. Jordan and Margaret Paul, *If You Really Loved Me* (Minneapolis, MN : CompCare Publications, 1987), pp. 127-28.

6. 원 출처 미상

7. Lloyd Jogn Ogilvie, *Lord of the Impossible* (Nashville, TN : Abingdon Press, 1984), pp. 129-30.

8. Robert S. McGee, *The Search for Significance*, rev. ed. (Nashville, TN : W Publishing Group, 1998, 2003), pp. 84-85.

9. *Healing Grace for Hurting People*(Ventura, CA : Regal Books, 2007, pp. 34-46, adapted.

10. Phillip Yancey, *What's So Amazing about Grace?*(Grand Rapids, MI : Zondervan, 1997), p. 70.

11. John Ortberg, *Love Beyond Reason : Moving God from Your Head to Your Heart*(Grand Rapids, MI : Zondervan, 1998), p. 139.

12. David Seamands, *Healing Grace*(Colorado Springs, CO : Victor Books, 1988), p. 115.

13. McGee, *Search for Significance*, p. 266.

14. Don Colbert, *Deadly Emotions : Understand the Mind-Body-Spirit Connection That Can*

Heal or Destroy You (Nashville, TN : Thomas Nelson, 2003), pp. 147-48, quoted in H. Norman Wright and Larry Renetzky, *Healing Grace for Hurting People*(Ventura, CA : Regal Books, 2007), p. 46.

15. Ibid.

16. 여기서부터 이야기하는 많은 부분은 다음의 책에 나오는 내용이다. H. Norman Wright, *Chosen for Blessing : Discover Your Unsearchable Riches in Christ* (Eugene, OR : Harvest House Publishers, 1992), pp. 36-38.

17. 개인을 회사에 비유하는 아이디어는 이 책에서 나왔다. David C. Needham, *Birthright* (Portland, OR : Multnomah Press, 1979), pp. 127-29.

18. David Seamands, *Healing of Memories*(Wheaton, IL : Victor Books, 1985), p. 11.

19. H. Norman Wright, *Always Daddy's Girl : Understanding Your Father's Impact on Who You Are* (Ventura, CA : Regal Books, 1989), pp. 196-97.

20. Congo, *Free to Be God's Woman*, p. 95.

21. McGee, *The Search for Significance*, p. 94.

22. Congo, *Free to Be God's Woman*, pp. 96-98.

23. 여기서부터 이야기하는 대부분의 내용은 다음의 책에 나오는 내용이다. H. Norman Wright, *Chosen for Blessing : Discover Your Unsearchable Riches in Christ* (Eugene, OR : Harvest House Publishers, 1992), pp. 14-15.

24. John Piper, *The Pleasures of God : Meditations on God's Delight in Being God*(Portland, OR : Multnomah, 1991), p. 87.

25. Ibid., p. 95.

----- PART 2 -----

1. 이 부분의 많은 내용은 다음 책에서 가져왔다. H. Norman Wright, *Finding the Right One for You : Secrets to Recognizing Your Perfect Mate*(Eugene, OR : Harvest House Publishers,, 1995), pp. 44-45.

2. Zev Wanderer and Tracy Cabot, *Letting Go : A 12-Week Personal Action Program to Overcome a Broken Heart*(New York : Dell Books, 1987), p. 11-12.

3. Stephen Gullo and Connie Church, *Loveshock : How to Recover from a Broken Heart and Love Again* (New York : Simon and Shuster, 1988), p. 26

4. 가족이나 친구들과의 이별에 대해 더 자세한 내용을 알고 싶으면 다음을 참고하라. Diane Vaughan, *Uncoupling : Turning Points in Intimate Relationships* (New York : Oxford University Press, 1986), pp. 140-47.

5. Wright, *Finding the Right One for You*, pp. 46-47.

6. Vaughan, *Uncoupling*, p. 42-43.

7. Wright, *Finding the Right One for You*, pp. 55-56.

8. Jessica Shaver, "I Told God I Was Angry" Posted June 20, 2010, first published in *Time of Singing*, May 1989, His Scribe Downloads Blogspot http://hisscribedownloads. blogpot.com/2010/06/poem-i-told-god-i-was-angry.html

9. Dick Innes, *How to Mend a Broken Heart : 20 Active Ways to Healing* (Grand Rapids, MI : Baker Book House, 1994), p. 36.

10. Henri J. Nouwen, *The Living Reminder : Service and Prayer in Memory of Jesus* (New York : HarperCollins, 1977), p. 19.

11. Ibid., p. 22.

12. 이 부분의 내용은 다음 책에서 가져왔다. H. Norman Wright, *Recovering from Losses in Life* (Grand Rapids, MI : Fleming H. Revell, 2006), chapter 2.

13. Scott M. Stanley, *The Heart of Commitment : Cultivating Lifelong Devotion in Marriage* (Nashville, TN : Thomas Nelson, 1998), pp. 80-88.

14. Therese A. Rando, *How to Go On Living When Someone You Love Dies* (Lexington, MA : Lexington Books, 1988), pp. 11-12.

15. Joanne T. Jozefowski, *The Phoenix Phenomenon : Rising from the Ashes of Grief*, rev. ed. (Northvale, NJ : Jason Aronson Inc., 2001), p. 17.

16. Bob Diets, *Life After Loss : A Personal Guide Dealing with Death, Divorce, Job Change, and Relocation* (Tucson, AZ : Fisher Books, 1988), p. 27.

17. Innes, *How to Mend a Broken Heart*, p. 47.

18. Ann Kaiser Stearns, *Living Through Personal Crisis*, 2nd ed. (Enumclaw, WA : Idyll Arbor, Inc., 2010), p. 86.

19. 이 부분의 내용은 다음 책에서 가져왔다. Wright, *Recovering from Losses in Life*, chapter 7.

20. 다음에 계속되는 내용은 다음 책에 근거를 둔 것이다. Aleta Koman, *How to Mend a Broken Heart : Letting Go and Moving On* (Lincolnwood, IL : Contemporary Books, 1997), pp. 177-82.

21. 이 부분의 내용은 다음 책에서 가져왔다. Wright, *Recovering from Losses in Life*, pp. 80-81; 122-23.

22. Charlotte A. Greeson, *Mary Hollingsworth, and Michael Washburn, The Grief Adjustment Guide : A Pathway Through Pain* (n.p.: Queststart Publishers, Inc., 1990), n.p.

23. Dwight L. Charlson and Susan Carlson Wood, *When Life Isn't Fair : Why We Suffer and How God Heals* (Eugene, OR : Harvest House, 1989), p. 38.

24. Ibid., p. 43.

25. Thomas Whiteman and Randy Peterson, *Fresh Start : 8 Principles for Starting Over When a Relationship Doesn't Work*(Wheaton, IL : Tyndale House, 1997), pp. 83-84, 100-103, 113-15.

26. Ibid.

27. Steven Carter and Julia Sokol, *He's Scared, She's Scared : Understanding the Hidden Fears That Sabotage Your Relationships* (New York: Dell, 1993), pp. 172-74.

28. Jacqueline Olds, Richard Schwartz, and Harriet Webster, *Overcoming Loneliness in Everyday Life* (New York : Carol Pub. Group, 1996), pp. 119-20.

29. Henry Cloud and John Townsend, *Boundaries in Dating : How Healthy Choices Grow Healthy Relationships* (Grand Rapids, MI : Zondervan, 2000), p. 73.

30. Ibid., p. 74.

31. Ibid., pp. 74-75.

32. 새로운 관계들을 다루는 것에 대해 더 많은 것을 알고 싶으면 다음 책을 참고하라. Tina Tessina, *The Unofficial Guide to Dating Again* (New York : Wiley Publishing, Inc., 1998), chapter 2.

33. 소모시키는 관계와 채워 주는 관계에 대해 더 알기 원하면 다음 책을 참고하라. Ronnie W. Floyd, *Choices : Making Sure Your Everyday Decisions Move You Closer to God* (Nashville, TN : Broadman and Holman, 1994), pp. 70-74.

----- PART 3 -----

1. Don H. Fontanelle, *Keys to Parenting Your Teenager* (Hauppauge, NY : Baron's Educational Series, 2000), p. 8.

2. Barbara C. Unell and Jerry Wyckoff, *The Eight Seasons of Parenthood* 1st ed. (Crown, 2000).

3. Jay Kesler with Ronald A. Beers, *Parents and Teenagers* (Wheaton, IL : Victor Books, 1984) p. 17.

4. Les Parrott III, *Helping the Struggling Adolescence : A Guide to Thirty-six Common Problems for Counselors, Pastors, and Youth* (Grand Rapids MI : Zondervan, 2000), pp. 18-21.

5. 이 부분의 내용은 다음 책에서 가져왔다. H. Norman Wright, *The Complete Guide to Crisis and Trauma Counseling : What to Do and Say When It Matters Most!* (Ventura, CA : Regal Books, 2011), chapter 13.

6. G. Keith Olson, *Counseling Teenagers : The Complete Christian Guide to Understanding and Helping Adolescents*(Loveland, CO : Group Books, 1984), pp. 27-28.

7. Ibid., pp. 55-56.

8. William Van Ornum and John B. Mordock, *Crisis Counseling widh Children and Adolescents : A Guide for Nonprofessional Counselors*(New York : Continuum, 1983), pp. 41-43.

9. Wright, *The Complete Guide to Crisis and Trauma Counseling*, chaper 4.

10. Ibid., chapter 10.

11. Judith K. Acosta and Richard L. Levenson, Jr., "Observations from Ground Zero at the World Trade Center in New York City, Part II : Theoretical and Clinical Considerations," *International Journal of Emergency Mental Health* 4, no. 2 (Spring 2002), pp. 120-21.

12. 트라우마에 대한 더 많은 정보를 얻기 원하면 다음 책을 참고하라. H. Norman Wright and Matt Woodley and Julie Woodley, *Finding Hope When Life Goes Wrong* (Grand Rapids, MI : Revell, 2008).

13. Richard Heyman, *How to Say It to Teens : Talking about the Most Important Topics of Their Lives* (Paramus, NJ : Prentice Hall Press, 2001), pp. 36-37.

14. Ibid., p. 138.

15. Mary Ann Emswiler and James P. Emswiler, *Guiding Your Child through Grief* (New Yrok : Bantam Books, 2000), p. 159.

16. Heyman, *How to Say It to Teens*, pp. 104-105.

17. 이 부분의 내용은 다음 책에서 가져왔다. Wright, *The Complete Guide to Crisis and Trauma Counseling*, chapter 18.

18. Carol Staudacher, *Beyond Grief: A Guide for Recovering from the Death of a Loved One* (Oakland, CA : New Harbinger Publications, 1987), p. 129.

19. Staudacher, *Beyond Grief*, pp. 131-38.

20. Dan Schaefer and Christine Lyons, *How Do We Tell the Children? A Parents' Guide to Helping Children Understand and Cope When Someone Dies* (New York : Newmarket Press : 1986), p. 129.

21. www. blobtree. com (Copyright ©pip wilson and Ian Long from 'Games without Frontiers')에서 Blob Tree 커뮤니케이션 도구들을 찾으라.

22. Staudacher, *Beyond Grief*, pp. 146-47.

23. Staudacher, *Beyond Grief*, p. 151.

24. Wright, *The Complete Guide to Crisis and Trauma Counseling*, pp. 7-8.

25. Therese A. Rando, *Grieving : How to Go On Living When Someone You Love Dies* (Lexington, MA : Lexington Books, 1988), adpated p. 215.

26. Ibid.

27. Staudacher, *Beyond Grief*, pp. 138-39.

28. H. Norman Wright, *Helping Your Kids Deal with Anger, Fear, and Sadness* (Eugene, OR : Harvest House Publishers, 2005), pp. 123-48.

29. Frederic F. Flach and Suaznne C. Draghi, eds., *The Nature and Treatment of Depression* (New York : John Wiley and Sons, Inc., 1975), pp. 89-90.

30. William Lee Carter, *Kid Think* (Dallas, TX : Rapha Publishing, 1992), p. 129.

31. 중요한 주제들에 대해 십대들과 대화하는 법에 관하여 더 자세한 정보를 알고 싶으면 다음 책을 참고하라. Richard Heyman, *How to Say It to Teens : Talking About the Most Important Topics of Their Lives* (Paramus, NJ : Prentice Hall Press, 2001).

32. 이 부분은 다음 책에서 가져왔다. H. Norman Wright, *How to Talk So Your Kids Will Listen : From Toddlers to Teenagers : Connecting with Your Children at Every Age* (Bethany House Publishers, 2004).

33. 십대 자녀와 함께 폭풍우에 대응하고 힘든 상황들을 이겨내는 것에 대해 더 자세한 정보를 얻고 싶으면 다음을 참고하라. H. Norman Wright, *Loving Your Rebellious Child : A Survival Guide for Parents of Prodigals* (Franklin, TN: Authentic Publishers, 2013).

34. Warren W. Wiersbe, *Preaching and Teaching with Imagination : The Quest for Biblical Ministry* (Grand Rapids, MI : Baker Books, 1994), p. 59.